84 14/93

TAZMAMART

DIX-HUIT ANS
DE SOLITUDE

Ali-Auguste BOUREQUAT

TAZMAMART

DIX-HUIT ANS DE SOLITUDE

RÉCIT RECUEILLI
PAR
FRANÇOIS THIBAUX

103, boulevard Murat – 75016 Paris

Tous droits de traduction, de reproduction
et d'adaptation réservés pour tous pays
© Éditions Michel Lafon, 1993
ISBN : 2.908652-87.0

À ma mère, disparue aujourd'hui et que la douleur a brisée tandis que nous étions au royaume des ténèbres ;

À mes frères, Midhat-René et Bayazid-Jacques, mes compagnons de tombeau ;

À tous ceux qui, dans le monde, refusent que des innocents soient privés de leur dignité d'êtres humains.

OFFICE DES NATIONS UNIES A GENÈVE UNITED NATIONS OFFICE AT GENEVA

Télégrammes : UNATIONS, GENÈVE
Télex : 28 96 96
Téléphone : 34 60 11   31 02 11
RÉF. N°:
(à rappeler dans la réponse)

Palais des Nations
CH - 1211 GENÈVE 10

Le 7 novembre 1983

Chère Madame,

    Je vous adresse cette lettre de la part du Président du Groupe de travail sur les disparitions forcées ou involontaires, au sujet de l'information que vous avez transmise au Groupe de travail concernant la disparition de vos frères René Midhat Bourequat, Bayazid Jacques Bourequat et Ali Auguste Bourequat.

    Le Groupe de travail a examiné ces renseignements et les a transmis au Gouvernement du Maroc le 28 juin 1982.

    A ce sujet, le Gouvernement du Maroc a informé le Groupe de travail que, après les investigations et recherches d'usage auxquelles il a été procédé sur instructions du Ministère de la Justice, par les Procureurs Généraux du Roi, les Procureurs du Roi et les membres de la police judiciaire (Police et Gendarmerie Royale), on peut affirmer que les intéressés ne sont actuellement pas poursuivis, ni traduits en justice, ni condamnés, ni en détention à quelque titre que ce soit. Il n'existe donc à leur encontre aucun dossier pénal ou autre ni au sein des tribunaux du Royaume, ni au niveau des services de la Direction des Affaires Criminelles et des Grâces dépendant du Ministère de la Justice.

    Le Gouvernement a ajouté que les intéressés ne se trouvent dans aucune prison marocaine et les recherches effectuées dans l'intérêt des familles en vue de les retrouver sont demeurées infructueuses. Il apparaît clairement que c'est en dehors du territoire marocain qu'il faut maintenant rechercher les trois personnes intéressées.

    En même temps qu'il vous transmet cette information, le Groupe de travail souhaite attirer votre attention sur la demande adressée au Groupe par la Commission des droits de l'homme dans sa résolution 1983/20, priant le Groupe "de garder à l'esprit l'obligation de discrétion dans l'accomplissement de son mandat, afin de .... limiter la diffusion des informations fournies par le gouvernement".

./..

Madame Allouah Bourequat
c/o Mlle Debache Hadda
9 rue de Mont-Louis
F - 75011 - Paris

Trente-cinquième anniversaire de la Déclaration universelle des droits de l'homme, 10 décembre 1983
Thirty-fifth anniversary of the Universal Declaration of Human Rights, 10 December 1983

N'hésitez pas à nous faire parvenir vos observations au sujet des informations fournies par le Gouvernement ou de nouveaux renseignements à propos de la disparition de ces trois personnes.

Je vous prie de croire, chère Madame, à l'assurance de ma très haute considération.

Thomas E. McCarthy
Secrétaire
Groupe de travail sur les
disparitions forcées ou involontaires

PROLOGUE
LE RETOUR DES FANTÔMES

J'ai toujours aimé les yeux gris. Tirant sur le bleu, ceux de la jeune femme sont gais, emplis de charme et de sollicitude, calmes mais vivants, aussi chauds que sa voix qui, quelques minutes plus tôt, en ce 3 janvier 1992, nous a accueillis.

— Bienvenue à bord de l'Airbus A320 de la compagnie Air France... Il est 16 heures, heure de Casablanca. Nous atteindrons Paris-Orly après deux heures de vol.

Hormis la doctoresse du consulat de France qui sera du voyage, elle seule, parmi l'équipage et les passagers de ce gros avion si nouveau pour nous qui en sommes restés à l'époque héroïque de la Caravelle, sait d'où nous venons et par quoi nous sommes passés.

Notre embarquement a été discret, presque furtif. Dans le salon d'honneur de l'aéroport, les policiers marocains n'ont pas eu un regard pour mes deux frères et moi. Ils ont serré la main du consul général de France, M. Puissant, et de son adjoint chargé de la sécurité des Français de Casablanca, M. Bontemps. Pas la nôtre. Ensuite, solides et rassurants comme le nom de ce diplomate représentant la France, notre pays, aimables comme le patronyme de son adjoint, les deux hommes nous ont accompagnés jusqu'à la passerelle. Midhat et Bayazid, mes frères aînés, marchaient avec peine, à petits pas. Dans la carlingue, les passagers ne nous remarquent pas. Qui prêterait attention à trois petits vieillards qui vont prendre l'avion ? Il y a tant de vieillards au Maroc. Tant de vieillards précoces...

— Ne vous inquiétez pas, nous a dit M. Puissant. Je resterai ici jusqu'au départ.

Les adieux faits, l'Airbus s'apprête à décoller. Dehors, le ciel est bleu. L'air était doux tout à l'heure, chargé de parfums et de rires. Les passagers plaisantaient, agitaient une dernière fois la main. Une journée ordinaire, un bel après-midi d'hiver pour des gens sans histoire. Mais pour nous, les trois frères Bourequat, rayés pendant dix-huit ans et demi du monde des vivants, morts ressuscités après six mille sept cent cinquante jours de non-existence, cet après-midi-là restera à jamais unique, miraculeux. Et jamais je n'oublierai les yeux de la belle hôtesse aux cheveux blonds, son visage d'ange, son sourire, sa voix si délicieusement française.

Depuis quelques jours, j'ai vu beaucoup de gens : mon troisième frère, mon beau-frère, le consul général de France, son adjoint M. Bontemps, l'assistante sociale et la doctoresse du consulat... Après le communiqué de l'agence Reuter de Rabat reprenant celui du gouvernement marocain qui annonçait notre libération, j'ai répondu à des dizaines de coups de téléphone : mon dernier frère, ma fille, sa mère, des amis, des journalistes... Le 31 janvier, chez mon beau-frère, nous avons même « réveillonné » en toute quiétude, tels des Français ordinaires, picorant le foie gras et le saumon généreusement offerts par le consul. Mais tout cela s'est fait dans un brouillard, une sorte d'hébétude. Il aura fallu que la jeune femme aux yeux gris, cette « déesse de la Liberté » qui, il y a dix-huit ans, était encore une enfant insouciante, se penche vers nous et nous salue le plus naturellement du monde, comme si nous étions des habitués de la ligne, pour que notre angoisse, enfin, se dissipe. Pour la première fois, grâce à l'incommensurable humanité de son regard, à l'émotion qu'elle cherche à maîtriser mais que trahissent sa voix et la timidité de ses gestes, s'impose à moi cette certitude définitive : je suis libre.

L'avion s'envole vers Paris dont, au cours de nos dix-huit ans de détention, nous avons rêvé tant de fois, que nous avons si souvent évoqué lorsqu'une décennie durant nous avons parlé dans le noir absolu d'une cellule à l'autre ; Paris dont le souvenir, au fond de notre tombeau, nous a aidés à supporter la pire épreuve qu'un être humain puisse subir. L'avion vogue vers la France et nous sommes libres, enfin. Pour toujours.

L'hôtesse nous a installés dans la rangée du milieu : Midhat le plus âgé au centre, Bayazid à sa droite, moi à sa gauche. La jeune femme nous sourit, nous parle encore. Même si elle s'efforce de n'en rien laisser paraître, je la sens troublée, affligée. Bossu à la suite d'une importante déviation de la colonne vertébrale, Midhat, qui mesurait un mètre-soixante-cinq au moment de notre enlèvement, ne mesure plus qu'un mètre quarante. Il respire avec beaucoup de difficulté, tout comme Bayazid que gêne sa position pliée et qui, lui, a perdu dix centimètres. Il vient de se faire opérer d'une hernie qui traînait depuis dix-sept ans. Car, bien sûr, avant de nous livrer au monde, on a essayé de nous rendre « présentables ». On nous a nourris, soignés, « rafistolés ». Mais personne ne s'y trompe et l'hôtesse moins que quiconque : les rescapés que nous sommes, les hommes que nous étions font pâle figure. Nos gestes sont lents, faibles, encore imprécis. Tassés, maigres, nous ne nous sommes pas encore habitués à nos visages, à ce vieillissement que nous avons découvert récemment. Tout cela, l'hôtesse le sent. Pour ne pas nous heurter, elle nous regarde du coin de l'œil, discrètement, nous parle de tout et de rien, répond de bonne grâce à nos questions saugrenues.

Tout nous surprend, à commencer par la tenue des hôtesses dont la jeune femme est sans doute la « chef ». Elle est vêtue très simplement, d'un chemisier blanc et d'une jupe bleue. Mais les autres sont habillées de façon variée, certaines, même, en pantalon. Je me souviens des hôtesses d'autrefois, de leur tailleur très strict, de leur petit chapeau. La jeune femme s'amuse de mon étonnement, me met à l'aise.

— Maintenant, me dit-elle, on s'habille comme on veut.

Elle n'ajoute pas : « Tout a changé. » Il me suffit d'observer les passagers pour m'en rendre compte. Les hommes portent les cheveux courts. Ils ont rasé leurs pattes. On remarque davantage de blue-jeans et de blousons que de costumes trois-pièces. Comparé à ceux que j'ai connus, l'avion me semble immense. Il a décollé très vite, évitant les secousses, et vole paisiblement, sans bruit. Je peux me retourner pour voir les hôtesses déambuler entre les rangées. Je scrute les visages. Des passagers dorment, d'autres lisent. Certains, le nez collé au hublot, regardent la mer, tout en bas. Des enfants rient comme, jadis, riait ma fille. Je me détends petit à petit, un peu emprunté dans mes vêtements neufs, cadeau du consulat qui s'est occupé de tout : de l'enregistrement de nos bagages, eux aussi offerts, des billets, des cartes d'embarquement. Le consul, avant le départ, a mis la jeune femme dans la confidence, lui a raconté nos années de bagne. Je sais qu'elle sait, elle sait que nous savons. Cela suffit.

Mes deux frères et la doctoresse du consulat, une femme affable d'une quarantaine d'années aux cheveux roux foncé mariée à un médecin marocain, se mêlent à la conversation.

De temps à autre, l'hôtesse s'en va. Nous parlons alors entre nous. À un moment, Midhat me dit :

— Crois-tu qu'« Il » a reçu ton télégramme ?

Je ris de bon cœur.

— Il est trop vaniteux. Il n'a rien dû comprendre.

Dans le ciel, petit à petit, le jour décline. La jeune femme revient, nous offre du champagne. Nos verres s'entrechoquent, nous buvons.

— C'est bon, dis-je.

Demi-mensonge. Autrefois, j'aimais le champagne. J'ai gardé son arôme en mémoire. En mémoire seulement. Car j'ai perdu le goût : mes papilles gustatives, gavées pendant des années de vermicelles et de pois chiches bouillis, se sont atrophiées. Chocolat, foie gras, pain, salade, vin, champagne, tout pour moi reste sans saveur. Selon les médecins, cela reviendra un jour. Pour l'heure, ce que je bois ressemble à de l'eau gazeuse. Je souris quand même et je hoche la tête.

Bientôt la nuit. Je mange machinalement le dîner qu'on nous sert. Même si je ne savoure rien, j'ai enfin l'impression d'être redevenu un être humain comme les autres. Je me sens vide mais calme. Pourtant, à mesure que le temps passe, ce temps qui, en dépit de la bonté de l'hôtesse, me paraît bien long, les questions affluent. Comment vais-je retrouver ceux qui nous attendent à Paris et qui, là-bas, regardent peut-être leur montre ? Après dix-huit ans, vais-je reconnaître mon ancienne compagne qui, me croyant mort depuis longtemps, a refait sa vie ? Et surtout, vais-je reconnaître ma fille ? Lorsque je l'ai vue pour la dernière fois, Anne-Bérengère avait cinq ans. Elle en a aujourd'hui vingt-trois. Dix-huit ans se sont écoulés ; dix-huit ans pendant lesquels elle a vécu, espéré, attendu, aimé... Dix-huit ans d'une existence dont je ne sais rien.

Après notre arrestation, sa mère a regagné Paris, sa ville

natale. Anne-Bérengère l'a suivie. Jusqu'à l'âge de onze ans, me racontera-t-elle plus tard, on lui a caché la vérité. Chaque fois qu'elle posait des questions sur moi, sa mère répliquait :

— Ton père est un businessman très occupé. Il voyage.

Anne-Bérengère finit par trouver insupportables ces déplacements d'affaires qui s'éternisaient depuis six ans. Un jour elle déclara :

— Je veux retourner là-bas, voir ma grand-mère.

Ma mère vivait encore. Ma fille partit avec la sienne pour le Maroc. Une fois seule avec sa grand-mère, elle lui dit :

— Où est papa ?

Ma mère répondit :

— En prison.

— À quel endroit ?

— On l'ignore.

— Pourquoi l'a-t-on enfermé ?

— Nul ne le sait, sauf celui qui l'a fait jeter dans un cachot avec tes deux oncles et s'est ensuite acharné sur notre famille au point de nous incarcérer sans jugement pendant seize mois, ta tante et moi.

— Qui est-ce ?

— Hassan II.

Ensuite, paraît-il, des bruits circulèrent. On raconta que j'avais été liquidé, que Bayazid avait été libéré à condition de ne jamais se faire connaître ; on le prétendait caché quelque part en Amérique latine. Quant à Midhat, on affirmait que le roi le gardait en otage.

Ma fille, comme tout le monde, me crut mort. Il y a quelques jours, au téléphone, elle m'a quand même parlé sans contrainte, soucieuse surtout de ma santé. Reconnaissant ma voix par-delà les années, elle savait qu'elle avait affaire à moi. Par contre, sa mère et mon plus jeune frère me parurent bizarres. Ils me posaient des questions insidieuses, m'interrogeaient sur le passé, me rappelaient certaines petites manies. Je compris qu'ils avaient du mal à croire à cette libération soudaine, à ce miracle. Ils pensaient : « Ce n'est pas vrai, ce n'est pas eux. On a relâché d'autres gens à leur place pour donner le change, pour nier leur assassinat. »

Pourtant nous sommes là, bien vivants, dans cet avion tout neuf, en compagnie de la jeune femme aux yeux gris qui sourit et murmure :

— Nous arrivons bientôt.

Il fait nuit. C'est une nuit paisible, une obscurité complice et familière, un soir d'hiver au-dessus de la France.

Paris, enfin. Les passagers se lèvent, s'étirent, prennent leur bagage à main, quittent l'appareil. L'hôtesse nous dit :

— Je vous accompagne.

De nouveau le vide, l'hébétude. Trop d'émotion, sans doute. Et puis je sais qu'ils sont là, tous, qu'ils attendent. Chaque pas dans le couloir, en compagnie de l'hôtesse et de la doctoresse, nous rapproche d'eux. Midhat et Bayazid marchent toujours avec peine, sans hâte. La jeune femme calque son pas sur le nôtre. Nous nous dirigeons vers un salon privé. Et soudain, tout au bout, je les vois : ma compagne aux cheveux blonds, ma fille en pantalon blanc et manteau sombre, mes deux sœurs, mon jeune frère Taha, mon neveu et ma nièce, devenus adultes. La jeune femme s'arrête. Elle se penche, nous embrasse tous les trois.

— Bonne chance, chuchote-t-elle.

Elle sourit une dernière fois, se détourne.

Anne-Bérengère me regarde avancer. Je reconnais ses cheveux noirs, mi-longs, ses yeux très bleus : les yeux de sa mère. Nous nous embrassons.

— Bonjour, papa.
— Bonjour...

Qu'ajouter ? Les retrouvailles sont brèves, pudiques. Les membres de notre famille nous entourent, nous embrassent à tour de rôle. L'émotion nous retient, nous rend timides, empruntés. Nous arrivons d'un autre monde, du pays des morts. Ils le savent. Les yeux embués, ils nous pressent contre eux, nous soutiennent.

Anne-Bérengère et ma plus jeune sœur me guident vers la salle de presse. Bayazid nous précède, soutenu par mon autre sœur, qui passa avec ma mère seize mois en prison. Mon jeune frère aide Midhat, qui prend la tête de notre groupe.

Dès que nous pénétrons dans la salle, les flashes nous éblouissent. Il y a là des dizaines de journalistes. Une vraie foule. Des photographes, des caméras de télévision. À notre entrée, le brouhaha s'estompe. Contre le mur, près de la porte, deux hommes en costume gris semblent nous attendre, de façon très professionnelle. On nous présente. Il s'agit du directeur du service des Français de l'étranger au Quai d'Orsay et d'un membre du cabinet du ministre des Affaires étrangères. Ils nous saluent aimablement.

— Bienvenue en France.
— Merci.

Les flashes, toujours. Les caméras tournent. On nous installe à une table. Midhat se retrouve au milieu, devant les micros. C'est lui qui parlera, qui répondra aux questions. Notre famille prend place derrière nous, debout. Ma fille se tient juste derrière moi.

Il se produit alors quelque chose de singulier. Les flashes cessent, les appareils photo ne crépitent plus. Personne ne parle. Ce silence de cimetière va durer plusieurs minutes. Les journalistes nous regardent longuement, comme des bêtes curieuses. Ahuris, ils dévisagent ces trois hommes voûtés assis devant eux, ces miraculés, ces rescapés du pire système pénitentiaire qui soit, victimes d'un pouvoir qui à notre égard s'est montré l'un des plus féroces et des plus arbitraires de la planète.

C'était donc vrai. Les frères Bourequat ne sont pas un mythe. Ils sont là, épuisés mais vivants après avoir passé dix-huit ans dans les geôles d'un monarque qui, avec un aplomb ahurissant, a menti au monde entier pendant des années et qui, aujourd'hui, jette l'éponge.

Notre présence à Orly, en ce 3 janvier 1992, alors que, dehors, la nuit s'épaissit, est un aveu. Tout comme le télégramme que le président Mitterrand a envoyé à Hassan II pour le « remercier » de nous avoir libérés. Dont acte. Car si le roi nous a libérés, il a bien fallu qu'il nous ait internés. Notre détention a bien eu lieu. Ce n'était ni un mensonge, ni une affabulation.

Dans la dépêche que je lui ai fait parvenir avant de quitter Casablanca, j'écrivais : « Je remercie Votre Majesté pour cette décision de justice dont je parlerai, une fois rentré en France, dans tous les milieux. »

— Vous êtes gonflé, m'a dit le consul général de France, M. Puissant, qui m'accompagnait à la poste.

Peut-être. Mais nous sommes là. Nous avons survécu après dix-huit ans, dont dix ans, cinq mois, vingt-trois jours et dix heures dans le noir, au bagne de Tazmamart dont personne ne savait où il se trouvait et qui, officiellement, n'existait pas, n'avait jamais existé.

Le silence se prolonge, pesant, presque palpable.

Les questions viendront plus tard. Pour l'heure, les journalistes nous fixent toujours, sans un mot.

On dirait qu'ils n'en croient pas leurs yeux.

I
L'ENLÈVEMENT

Rabat, 8 juillet 1973

3 heures du matin. À « La Roseraie », la grande villa où nous vivons ensemble, mes deux frères aînés Midhat et Bayazid, ma compagne, ma fille, ma mère, une de mes trois sœurs et moi, partageant les deux étages et les quatorze chambres de cette ancienne auberge plantée au milieu d'un vaste jardin au 165, avenue Kennedy, dans un quartier résidentiel, tout est calme.

Je suis rentré deux heures plus tôt après avoir dîné en ville avec ma compagne et un ami : Philippe Rheims, expert en objets d'art.

Philippe Rheims et sa femme, Etchika Choureau, sont des intimes du palais. Ancienne actrice, française d'origine slave, Etchika a partagé la vie d'Hassan II de 1956 à 1961, alors qu'il n'était que prince héritier. Cette longue liaison, cet amour passionné ont, en leur temps, fait scandale. Mais Etchika et le roi sont restés en très bons termes. Quant à Philippe Rheims, qu'elle a épousé par la suite et qu'elle a présenté à Hassan, il est devenu lui aussi un ami du souverain. Il lui fournit les objets d'art destinés à la décoration de ses résidences. Le roi n'a jamais discuté ses prix. Pour la seule résidence de Casablanca, la note a atteint, dit-on, deux milliards de centimes.

Nous connaissons les Rheims depuis longtemps. Chaque fois qu'ils viennent au Maroc, nous les voyons en tête à tête, sans nous mêler des relations qu'ils entretiennent avec le palais. Ce soir-là, Etchika n'était pas là. Le dîner avec Philippe a été détendu, chaleureux, comme d'habitude. Un souper agréable entre privilégiés.

Nous sommes jeunes, la vie est belle. Mes deux frères Midhat et Bayazid ont à peine dépassé la quarantaine. Je n'ai pas tout à fait trente-six ans. Nous sommes des hommes d'affaires prospères. Nos activités accaparent tout notre temps. Je me sens heureux entre ma compagne parisienne et notre fille de cinq ans, Anne-Bérengère, espiègle mais craintive, comme tous les enfants.

La « tribu Bourequat », cinq garçons et trois filles, se serre les coudes. Depuis la mort de notre père, dix ans plus tôt, nous vivons entre nous à « La Roseraie », mis à part mes deux derniers frères et deux de mes sœurs, tous mariés de leur côté. Quoique français depuis notre naissance — puisque notre père, par décret du président Gaston Doumergue en date du 23 novembre 1927, a acquis la nationalité française —, nous sommes bien acceptés au Maroc. Nul ne nous cherche querelle.

Ce soir-là, « La Roseraie » est moins pleine que les autres jours. Le matin même, ma mère, accompagnée d'une domestique, est partie chez ma plus jeune sœur, à Casablanca. Celle de mes sœurs qui habite avec nous est invitée à un mariage. Selon la coutume marocaine, la fête se prolongera jusqu'au matin.

Tout est calme, donc. Nous ne craignons rien. Personne, pensons-nous, ne nous menace. Nous avons bien remarqué, depuis quelques jours, une surveillance discrète autour de nos magasins du centre-ville. Bayazid a aperçu la veille des hommes rôdant autour de la maison. Quant à Midhat, il a eu maintes fois la sensation d'être épié, filé lors de ses déplacements. On l'a suivi, nous a-t-il dit, plusieurs fois en voiture. Nous ne nous sommes pas inquiétés outre mesure.

— Pourquoi nous faire du souci ? a déclaré Midhat. Nous n'avons rien à nous reprocher. Il s'agit peut-être d'une protection, ou d'une confusion...

C'est bien possible. De l'autre côté de l'avenue Kennedy, dans une villa située juste en face de la nôtre, et qui fut un temps la résidence de l'ambassadeur d'Algérie, logent les policiers français appointés par Paris et chargés, sous la direction du commissaire Raymond Sasia, champion du monde de tir au pistolet et ancien garde du corps du général de Gaulle, de la sécurité personnelle du roi. Hassan II n'a pas confiance en sa propre police. J'apprendrai bien des années plus tard qu'il a ensuite fait appel, pour seconder les agents français, à des spécialistes israéliens. Mais pour l'heure, sa garde privée est composée uniquement des hommes du commissaire Sasia. Tous les matins, ils prennent leur petit déjeuner sur la terrasse, d'où ils ont une vue imprenable sur notre villa. Quant à nous, nous les voyons, au soleil, tremper leurs croissants dans leur café.

Les mouvements que nous avons notés autour de notre maison ont peut-être un rapport avec leur présence. C'est peut-être eux que l'on protège.

De toute façon, si tard dans la nuit, nous ne nous posons pas de questions. Nous dormons : ma compagne, ma fille et moi au premier, Bayazid au rez-de-chaussée, où vit également ma sœur.

Calme, quiétude. Le parfum des roses du jardin, de l'oranger, des jasmins et des bougainvilliers entrent par la fenêtre. La nuit est paisible, sans angoisse.

Tout d'un coup, ma fille hurle. Un cauchemar l'a réveillée. Elle pleure, elle m'appelle. Gagnant sa chambre, je la prends dans mes bras. Je la berce, la console. Elle sanglote toujours. Pour la rassurer, je l'emmène dans notre chambre. Elle se couche entre sa mère et moi, se rendort aussitôt.

Les enfants, si aucune inquiétude ne vient les perturber, ont le sommeil profond. Anne-Bérengère ne se réveillera pas lorsque, une heure plus tard, on sonnera à la porte de « La Roseraie » avec une insistance à faire crever les tympans.

Bayazid venait de se mettre au lit. Surpris par cette sonnerie infernale, il se lève, va ouvrir. Qui peut sonner ainsi ? Un des domestiques logés dans les dépendances ? Que nous voudrait-il en pleine nuit ?

Bayazid entrouvre la porte. Des hommes la repoussent violemment, bousculent mon frère avec brutalité. En un instant, des dizaines de policiers investissent le jardin. D'autres escaladent le mur d'enceinte. Tous sont armés. Sans un regard pour Bayazid, ils pénètrent dans le salon du rez-de-chaussée. Bayazid leur demande :

— Mais que voulez-vous ?

L'un d'eux répond :

— Nous cherchons Ali.

Reprenant aussitôt son sang-froid, Bayazid réplique avec calme, s'efforçant de mettre dans sa voix le plus de conviction possible :

— Ali n'est pas là en ce moment.

— Nous verrons bien, dit l'un des hommes.

Il se tourne vers les autres et beugle :

— Fouillez la maison !

De plus en plus maître de lui, Bayazid les questionne à nouveau.

— C'est une perquisition ?

L'enlèvement

— Non.

Pour me prévenir, il se met alors à hurler à tue-tête, me donnant le nom d'un de mes frères cadets :

— Omar, Omar, réveille-toi ! Il y a des gens qui te cherchent !

Le vacarme m'a fait lever d'un bond. Je ne comprends rien à ce qui se passe. Pourquoi Bayazid, en pleine nuit, se met-il à appeler Omar qui habite à Salé, de l'autre côté de l'oued ?

Je n'ai pas le temps de m'interroger davantage. Visiblement renseignés sur la topographie de la maison, les policiers montent en courant l'escalier, jusqu'au premier étage. Ma chambre est juste en face. Ils s'y engouffrent, pointent leurs armes dans ma direction.

Je suis là, devant eux, nu comme un ver. Je passe un pantalon, une chemise. Hébétée, ma compagne se couvre.

— Ali Bourequat ? demande un des hommes.

Je réponds :

— C'est moi.

— Suivez-nous. Nous sommes les services secrets de Sa Majesté.

Bayazid et Midhat, sur le palier, assistent à la scène. Que faire ? Tenter de fuir ? On m'abattrait aussitôt. Appeler au secours ? Mais qui ? Je quitte la chambre. Un des policiers s'approche de moi, me met un bandeau sur les yeux. Je descends les escaliers, emportant avec moi l'image de ma compagne et de ma fille.

Anne-Bérengère devait faire des rêves agréables. En dépit du tumulte, elle continuait de dormir...

Une voiture attend devant le portail de « La Roseraie ». On me plaque sur la banquette arrière. Les yeux toujours bandés, je me retrouve la joue contre la cuisse d'un policier, le canon de son arme sur ma tempe.

En quelques minutes, le fait de ne rien voir affine mon ouïe, aiguise ma concentration. La voiture démarre brusquement. Je me rends compte qu'elle descend l'avenue Kennedy en direction du centre de Rabat ; ce chemin, je le connais : je le prends tous les jours. Je comprends que nous nous rendons au complexe de la police, un lieu secret baptisé PF1 (« Point fixe n° 1) situé entre l'hôpital Avicenne, le plus grand de Rabat, et la caserne des pompiers.

Sonné, je ne pense à rien. Je sens contre ma joue la cuisse de l'homme qui me maintient, le métal glacé de son revolver contre mon crâne. La voiture s'arrête. Les portières claquent, on m'extirpe sans ménagement du véhicule.

Le Point fixe n° 1 se compose de trois immeubles. Je ne sais vers lequel on me traîne. Des portes s'ouvrent, se referment. Sans préambule, je reçois dans le ventre un violent coup de poing qui me coupe le souffle. Il me faut plusieurs secondes avant de reprendre haleine. Les hommes m'entourent, hurlent, m'invectivent. Je ne vois rien. J'ai mal. On tire mes poignets derrière mon dos, on leur passe des menottes. On m'attache les pieds, on me jette à terre.

Et on me frappe, en m'insultant mais sans me poser la moindre question. Celui qui me flagelle, sans doute avec une ceinture, s'appelle, je l'apprendrai plus tard, le commissaire Ben Mansour. Je ne comprends pas ce qui m'arrive, je ne sais pas ce qu'on me veut. Je ne suis conscient que d'une chose : les coups s'abattent sur moi, les hurlements de mes tortionnaires emplissent la pièce. On me flagelle, encore et encore. Pendant deux heures peut-être, ou plus.

Il se fait soudain, dans les couloirs, un grand remue-ménage. Martèlement de talons, ordres brefs. Les coups cessent. Ben Mansour déclare :

L'enlèvement

– Voilà Sa Majesté.

On détache mes chevilles, on enlève mes menottes. Deux hommes me redressent, me poussent dans une autre pièce. Mon bandeau me masque toujours tout, sauf, si je baisse les yeux, ce qui est au niveau du sol. Assis sur un tapis, je distingue les pieds d'une table basse, et une paire de babouches. Et je respire avec effroi un parfum bien caractéristique : celui d'une eau de toilette de Guerlain : « Le Coq ». L'eau de Cologne du roi. Il n'en utilise aucune autre. Quant aux babouches, elles ne trompent pas. J'en ai possédé, jadis, une paire identique. Ce sont des babouches en chevreau, blanches, fabriquées spécialement pour la famille royale.

L'homme installé devant moi, à une table basse, est bien Hassan II, roi du Maroc.

Deux individus l'entourent. Ils me questionnent avec une politesse surprenante qui confirme, s'il en était besoin, l'identité de celui qui assiste à l'interrogatoire. Alors qu'on m'a gratifié des pires injures en me flagellant, on me parle à présent de façon châtiée, en arabe mais avec parfois des mots français, sachant sans doute que, si je maîtrise bien l'arabe, j'aime mieux la langue française, qui m'est plus familière. Même devant Oufkir, mort depuis moins d'un an, ou le colonel Dlimi, les hommes qui sont là ne se seraient pas exprimés sur un ton aussi mesuré.

Leurs questions ne concernent que Philippe Rheims, avec qui j'ai dîné il y a seulement quelques heures, et sa femme Etchika Choureau.

Un troisième homme est passé derrière moi. A chaque question, il me donne un coup de poing sur la nuque. Ces coups résonnent. J'ai l'impression que mon cerveau va exploser. L'interrogatoire se poursuit, bref, incisif.

Quelles sont mes relations avec Philippe Rheims ? Quel rôle joue-t-il au sein du SDECE, les services secrets français ? Quelles informations me demande-t-il de lui transmettre ?

Je comprends de moins en moins.

— Reprenons, dit calmement un des deux hommes. Quelles étaient tes relations avec le Juif ?

Il se tait aussitôt. Du plat de la main, le roi vient de frapper trois fois la table, très sèchement. C'est un de ses tics favoris, signe de contrariété. L'homme rectifie :

— ... Vos relations avec Philippe Rheims ?

Je réponds que je ne sais pas grand-chose de ses activités. Il est expert en objets d'art, voilà tout.

Nouveaux coups, nouvelles questions, cette fois sur Etchika Choureau.

— Qui rencontre-t-elle lorsqu'elle séjourne au Maroc ?

— Je l'ignore. Je ne la vois que seule avec son mari.

Un autre coup. L'homme qui me frappe se tient légèrement sur ma droite. Je ne bouge pas, je n'ose tourner la tête. Question :

— La rencontrez-vous lorsque vous vous rendez en France ?

— Cela m'arrive.

— Avec qui ?

— Je vous l'ai déjà dit : je ne vois Etchika et son mari que dans l'intimité.

Pourquoi s'acharnent-ils ainsi ? Que cache cette histoire ? Des coups, encore, des questions, toujours les mêmes : Philippe Rheims, Etchika, Etchika, Philippe Rheims...

Brusquement, le roi se lève. Je le connais. Il n'y a que lui pour agir aussi soudainement, avec une telle précipitation. Il ne s'est pas écoulé plus de dix minutes depuis le début de l'entretien.

Quelle heure est-il ? 8 heures du matin ? 9 heures ? Hassan II et les deux hommes qui m'interrogeaient quittent la pièce. Quelqu'un se penche vers moi, me relève, m'installe sur un sofa. On ne m'ôte pas mon bandeau. Les pas s'éloignent, la porte se ferme.

Silence. On me laisse seul.

Je vais rester ainsi, sur ce sofa, les yeux bandés, toute la journée.

J'ai mal partout. Chaque mouvement déclenche la douleur. À cette douleur s'ajoute l'effarement devant ce que je viens de découvrir. Bien sûr, nous avons toujours su que le Maroc n'était pas une démocratie à la scandinave ou même à la française, qu'il « s'y passait des choses ». On parlait d'enlèvements, de disparitions inexpliquées, de torture, d'exécutions sommaires. Mais jamais la répression ne s'était abattue sur nous ou sur notre entourage. Si un de nos amis avait disparu, nous aurions fait le nécessaire pour découvrir la vérité. Naïvement, nous aurions même demandé audience au roi. Car nous pensions que les services secrets et la police parallèle se chargeaient des sales besognes sans en référer à quiconque. Quant à Hassan II, nous avions de lui une vision simpliste. Nous nous disions : « Il mène une existence dorée dans son palais, comme tous les monarques, entre ses quatre-vingts concubines et les call-girls qu'il fait venir par avion spécial de Paris, de New York ou de Séoul. » Gourmand, amateur de fêtes, ami du luxe et des belles femmes, ainsi le considérions-nous volontiers, oubliant ou voulant oublier l'envers du décor.

Je sais maintenant que cette image était un leurre. Le roi n'est pas seulement un fêtard, un affairiste et un noctambule. Il a une autre face, beaucoup plus sombre. Oufkir au temps de sa splendeur, Dlimi n'ont jamais été que des comparses, des seconds couteaux. La répression émane de Hassan II en personne. Il l'organise, la dirige. Le chef de la police parallèle, c'est lui. Il est le patron. Le seul. C'est sur son ordre que j'ai été arrêté. Et c'est lui, j'en suis sûr, qui donnera l'ordre de m'exécuter.

Je n'ai aucun doute : ce jour est mon dernier jour. D'un instant à l'autre, quelqu'un va pénétrer dans la pièce, appuyer un canon contre ma tempe et me tirer une balle dans la tête.

Pourquoi ? La même question revient, lancinante. Puis, les heures passant, elle s'estompe, comme tout le reste. Seule subsiste cette certitude : je vais mourir.

Je suis vide, prostré. Je ne ressens rien. Pas même la peur. Je me dis simplement : « C'est fini. » Et j'attends.

Parfois, l'interrogatoire me revient quand même en mémoire. Les coups, le roi assis devant moi, muet. Pense-t-il que j'ai ou que j'ai eu une liaison avec Etchika Choureau, cette femme dont il a été amoureux fou pendant des années ? Vais-je me faire flinguer, vais-je être enterré à la sauvette et recouvert de chaux vive pour une histoire d'alcôve qui n'a jamais existé ?

Je renonce à comprendre.

Soudain, je sursaute. Un homme vient d'ouvrir la porte. Ses pas se rapprochent de moi.

« Et voilà », me dis-je.

L'homme se penche, dépose un objet à mes pieds. Son pistolet, sans doute.

Je me trompe. L'homme place l'objet entre mes paumes. C'est un verre de thé. Il est chaud. Je bois lentement, par petites gorgées. Ensuite, l'homme me dit :

— Voulez-vous aller aux toilettes ?

Je hoche la tête. Il m'aide à me lever. Le bandeau sur les yeux, je me laisse guider. Ensuite, l'homme me reconduit dans la pièce. Il me fait de nouveau asseoir sur le sofa, me remet les menottes. Son pas s'éloigne, la porte se ferme.

La même scène se reproduira quelques heures plus tard, le thé en moins.
— Toilettes ?
— Oui.
Et c'est tout.
Les heures s'écoulent, interminables, avec cette seule pensée : quand vont-ils me tuer ?

Ils ne m'ont pas tué. Le soir, ils sont venus me chercher. Ils m'ont tiré hors de la pièce, m'ont fait longer un couloir, franchir une porte. J'ai reconnu l'air du dehors, les parfums de la nuit.
Ils m'allongèrent, comme le matin, sur la banquette arrière d'une voiture, seul, cette fois-ci, caché sous une couverture. La voiture démarra. Pour m'empêcher de me repérer, le chauffeur effectua de nombreux détours, avant de suivre une avenue rectiligne. Dès lors, je crus deviner l'itinéraire. J'étais certain qu'on m'emmenait à « la maison Mokri », le PF2, une résidence privée transformée en prison et connue du monde entier depuis l'affaire Ben Barka. Or, pour se rendre à cette prison, il faut emprunter la longue route qui mène à « La Roseraie », dépasser notre villa puis le palais d'été, à dix kilomètres du centre-ville, continuer sur deux kilomètres, ce que nous fîmes au début. Mais à ma grande surprise, la voiture, tout d'un coup, tourna à gauche. Elle se mit à cahoter sur une piste, comme si elle s'enfonçait à l'intérieur des terres. Subitement désorienté, je me dis de nouveau :
« On va me tuer. »
La voiture s'arrêta. On me fit descendre. Quelqu'un me prit par le bras. Je ne savais pas où j'étais. J'avais entendu une porte métallique s'ouvrir. La personne qui m'accompagnait me fit monter une marche que je redescendis immédia-

tement, de l'autre côté. On me fit asseoir par terre, sur une couverture. Et on m'enleva mon bandeau, qui ne m'avait pas quitté de la journée.

Il me fallut quelques secondes pour m'habituer à la lumière crue de la grosse ampoule pendue au plafond. Après avoir cligné des yeux, je regardai autour de moi.

Je me trouvais dans une cellule de deux mètres sur trois. Elle était propre. Juste devant la porte, j'aperçus une dalle en ciment. C'était la « marche » que j'avais cru monter et redescendre quelques instants plus tôt. Devant moi se tenaient des hommes en civil. Ils me dirent :

— Maintenant, tu peux dormir. Tu veux qu'on éteigne ou tu préfères garder la lumière ?

Je répondis :

— Vous pouvez éteindre.

Ils tournèrent les talons, sortirent de la cellule, éteignirent.

Je ne comprenais toujours pas ce qui m'arrivait ni pourquoi j'étais là. Mon corps était meurtri, endolori. J'avais encore dans les oreilles le sifflement de la lanière, les injures. Dans ma tête, tout se télescopait : ma fille endormie, les cris, les armes des policiers pointées sur moi ; les babouches blanches du roi, son eau de toilette, ses trois petits coups nerveux sur la table. Et les questions :

— Quelles sont tes relations avec le Juif ?

J'essayai, en dépit de la douleur, de m'allonger sur la couverture. Tout d'un coup, à côté de ma cellule, une porte s'ouvrit, puis une deuxième.

— Deux autres prisonniers, me dis-je.

C'étaient Midhat et Bayazid, enlevés à leur tour quelques heures auparavant. Mais cela, je ne le savais pas.

9 juillet : jour anniversaire de la naissance du roi. Hassan II donne aujourd'hui une grande fête à Casablanca, la « fête de la jeunesse », à laquelle Philippe Rheims doit assister. Hassan parlera d'art, de vacances ou de croisières avec celui que soupçonnent les services secrets et peut-être à cause de qui j'entame, au fond de ma cellule, assailli de douleurs multiples qui se sont amplifiées au cours de la nuit, ma deuxième journée de détention.

Le soleil se lève à peine. La porte de ma cellule s'ouvre. Un homme entre et me demande :

— Ali, c'est toi ?
— Oui.

Je tente de me mettre debout. Impossible. La douleur est trop vive. Je n'ai plus de force, plus de ressort. L'homme s'approche de moi, me hisse, me soutient. Il me bande les yeux et m'emmène.

Je reconnais le trajet que j'ai fait la veille en sens inverse. Après avoir traversé une sorte de terre-plein, nous pénétrons dans une pièce. On me fait asseoir dans un fauteuil avant de dénouer mon bandeau. J'aperçois, en face de moi, deux hommes en civil. Le plus grand m'apostrophe :

— Sais-tu que nous sommes les services secrets de Sa Majesté ?

— On me l'a dit hier, au moment de mon arrestation.

— Bien. Tu es disposé à parler, maintenant ?

— Mais à vous parler de quoi ? Je n'ai rien à dire !

Peu leur importe. Les questions fusent à nouveau, toujours les mêmes, à propos des mêmes personnes : Philippe Rheims et Etchika Choureau.

Ma réponse ne varie pas non plus. Je maintiens ce que j'ai répliqué la veille à ceux qui m'ont interrogé en présence du roi : Philippe n'appartient pas aux services secrets français, il ne fait pas de politique. Ancien commissaire-priseur, il est devenu un expert en objets d'art connu du monde entier. J'ajoute :

— De toute façon, il n'a pas besoin de moi pour espionner le roi. Sa femme est sans doute la personne qui connaît le mieux Hassan II.

Pendant des années, elle a été pour lui presque une épouse. À chacune de ses visites au Maroc, on la reçoit au palais avec beaucoup d'égards. Le roi ne fait rien sans la consulter. L'influence qu'elle exerce sur lui dépasse l'imagination.

Cela, je le garde pour moi. Je précise simplement :

— Rien ne me laisse penser ou croire que le couple Rheims travaille ou corresponde avec quelque service que ce soit.

— Tu mens ! crie l'un des deux hommes.

— Mais pourquoi mentirais-je ? Je ne suis au courant de rien.

— C'est faux ! Tu as révélé à Etchika Choureau que les services du roi la surveillaient.

Naïvement, je rétorque :

— Elle était surveillée ?

L'enlèvement

— Tu le sais bien, puisque tu l'as prévenue !
— Ce n'est pas vrai. Je ne l'ai jamais prévenue de quoi que ce soit. Vous pouvez le lui demander, nous confronter...

Cette fois, je mens à moitié. Que le roi fasse suivre Etchika, même en France, depuis décembre 1972, je le sais. Je sais aussi que cette filature a un rapport direct avec le voyage qu'elle a fait spécialement à Rabat, à cette époque, pour informer son ancien amant des bruits qui couraient sur lui dans l'entourage du président Pompidou : on disait à l'Élysée que Hassan non seulement se droguait, mais était lui-même trafiquant de drogue.

Le roi, paraît-il, répondit à son amie :
— Chouchou, tu es fatiguée, tu as besoin de vacances.

Mon allusion aux liens entre Etchika et Hassan II a dû déplaire. Un des deux hommes appelle le chef des gardes, surnommé « Moh », et lui dit :
— Suspends-le.

On remet le bandeau sur mes yeux, on m'attache les chevilles et les poignets. Et on me suspend.

Je vais subir le supplice du « perroquet » ; la tête en bas, les jambes en haut, le corps coupé en son milieu par une barre de fer passée sous les genoux et suspendue au plafond. Immobilisé, je ne peux ni me débattre ni me protéger des coups.

Mes tortionnaires me frappent avec une lanière de cuir, n'épargnant aucun endroit de mon corps. De temps à autre, ils me couvrent le visage avec une serpillière, l'aspergent de grandes quantités d'eau. J'étouffe, je hoquette, comme si je me noyais. Je m'évanouis plusieurs fois. Moh et les deux hommes me raniment. La séance reprend : coups, asphyxie. Torture, questions. Questions, torture...

Cela dure deux jours. Deux journées interminables. Avec, comme un leitmotiv, la même phrase répétée sans relâche :

Dix-huit ans de solitude

— Pourquoi as-tu prévenu Etchika Choureau ?

Haletant, anéanti par la douleur, je réponds à chaque fois :

— Je ne l'ai prévenue de rien.

Secondés par Moh, les deux hommes déclarent alors :

— On recommence.

Je m'évanouis, encore et encore. Je ne reprends connaissance que pour sentir sur ma peau, sur mes côtes, sur ma tête, les coups qui pleuvent.

Et je pense :

« Pourquoi ? Mais pourquoi ? »

Je ne sais pas grand-chose de plus que ce que tout le monde sait au Maroc. Le rôle de la drogue y est un secret de Polichinelle. Tout le monde connaît l'importance du trafic de stupéfiants. La loi, bien sûr, l'interdit. Mais qui se soucie de la loi ?

Le chanvre indien est pour le Maroc une véritable mine d'or. Dès l'avènement de Hassan II, des techniciens hollandais se sont installés dans le pays pour superviser la culture du « kif », la fabrication de plaques de haschisch et la conservation de son jus dans d'autres régions que le Rif, producteur traditionnel mais dont les habitants sont hostiles au roi depuis le massacre de 1959 qu'il dirigea en personne, avec Oufkir.

Secret de Polichinelle... On dit (ou sait ?) que deux cent mille plaques de haschisch inondent chaque année l'Europe, transportées en partie par des hommes de main marocains voyageant avec des passeports diplomatiques, ou entassées dans les avions militaires qui gagnent régulièrement la France pour être révisés dans des bases françaises où ils ne subissent aucun contrôle... Que deux cent mille plaques, convoyées dans des avions-taxis et destinées à l'Amérique du Nord, transitent par la France d'où on les expédie vers les bases américaines d'Italie et d'Allemagne. Là, on les cache dans les long-courriers qui s'envolent pour les États-Unis.

Enfin, deux cent mille plaques seraient réservées à l'Arabie Saoudite d'où part un réseau de distribution alimentant les autres pays arabes. Certains prétendent qu'elles sont transportées par l'avion spécial qui, chaque année, emmène le harem du roi en pèlerinage à La Mecque.

Même si nombre de gens ne mettent pas Hassan en cause, personne n'ignore que les chefs de ce trafic sont des hommes haut placés. Ceux qui cherchent à s'alimenter en dehors de la filière ou à la contourner pour travailler à leur compte ne font pas long feu. On les arrête et on confisque leur marchandise, officiellement vouée aux flammes.

La Régie des tabacs est chargée de ce travail. A dates fixes, ses délégués assistent à la « destruction » des quantités saisies par les autorités, en présence du procureur du roi, du chef de la police et du chef de la gendarmerie. En fait, on brûle du henné. Tous les témoins de cette mascarade le savent. Ils savent aussi que la drogue est remise en douce aux dirigeants de la filière « autorisée ».

On me dira plus tard, en prison, sans que je puisse évidemment vérifier, que le roi dirigerait lui-même ce réseau, se réservant 80 % des bénéfices, soi-disant pour financer ses services secrets, et laissant les 20 % restants aux « parallèles », en l'occurrence le colonel Dlimi, alter ego d'Oufkir qui profitait lui aussi de cette manne, le patron de la gendarmerie et le groupe de Français qui assure la diffusion de la drogue en Europe et aux États-Unis.

Auparavant, j'ai juste entendu des rumeurs. Un Italien travaillant pour le « Narcotic Bureau » et avec qui j'avais sympathisé apprit, par une jeune femme mariée à un militaire qui en assurait la garde, l'existence, à soixante-dix kilomètres de Rabat, d'une ferme appartenant au roi et entourée de quatre-vingts hectares où l'on cultivait le chanvre. Il s'introduisit dans la ferme, repéra les lieux. Quelques jours plus tard, je l'attendais à *la Dolce Vita*, un café réputé de Rabat où il m'avait donné rendez-vous. Il ne vint pas. Je ne l'ai jamais revu.

Hassan II, qui ignora longtemps la nature très amicale de mes rapport avec Etchika Choureau et Philippe Rheims, a-t-il cru que les révélations de son ancienne maîtresse sur les bruits circulant à l'Élysée venaient de moi ou de mes frères, qui connaissons beaucoup de monde à Paris ?

Je n'ai jamais touché de près ou de loin au trafic de drogue. Ce genre d'activités ne nous concerne pas, mes frères et moi. Je n'ai jamais prévenu Etchika Choureau de quoi que ce soit, je ne lui ai jamais livré le moindre renseignement, pas plus à elle qu'à Philippe Rheims.

Alors pourquoi me torture-t-on ?

Pourquoi m'empêche-t-on de respirer jusqu'à l'évanouissement, pourquoi me frappe-t-on sans répit ? Pourquoi hurle-t-on dans mes oreilles : « Avoue ! » ?

Avouer quoi ?

On ne s'habitue pas à la douleur. Elle s'incruste, rampe le long des membres, des doigts. Elle bat dans les chevilles, éclate dans la poitrine, dans le dos, autour du crâne. Elle se diffuse partout, infatigable, cruelle, obstinée, sournoise. Pas de trêve. Impossible de s'endormir, impossible, même, de s'assoupir. Impossible de penser.

Il fait nuit. Mes tortionnaires m'ont ramené dans ma cellule. Ils m'ont allongé sur ma couverture et m'ont laissé, meurtri, brisé par le traitement qu'ils viennent de m'infliger.

Le temps passe, dans l'obscurité, avec cette souffrance qui n'en finit pas. Soudain, je tressaille. La porte de ma cellule s'est ouverte. Quelqu'un la tire très doucement, pour ne pas faire de bruit. Une torche électrique projette un rond lumineux sur les murs, puis me force à cligner des yeux.

Mon cœur s'emballe, bat à tout rompre. Avec d'infinies précautions, l'homme s'approche de moi. Sa silhouette, que je distingue mal, me paraît immense. Je perçois en même temps un son clair, net, semblable au choc de deux métaux. Arrivé près de moi, l'homme se penche en direction du sol, y dépose quelque chose. De nouveau ce son métallique, qui me glace les veines.

— Ali ? chuchote l'homme.
— Oui...

Il éteint sa torche et ajoute, d'une voix presque inaudible :
— Ne crie pas.

Pourquoi crierais-je ? La douleur comprime mes poumons. Elle est si pénible que je n'attends plus rien. La résignation, en cet instant, l'emporte sur tout. « Et voilà, me dis-je. Cela va se passer maintenant, dans le noir, au fond de ce trou. Cet homme est là pour me tuer. »

Sa silhouette est toujours aussi floue, aussi sombre. Il se penche davantage, passe sa main sous mon corps endolori. D'un coup sec, il me redresse, cale une couverture pliée derrière mon dos. Ce brusque changement de position me fait si mal que je me mords les lèvres pour ne pas hurler.

— Ne crie pas, répète l'homme, tout doucement.

Puis :
— On t'a donné à manger ?
— Non.

Je m'exprime sur le même ton que lui, très bas, attentif au son de ma voix qui se dilue avant d'avoir atteint les murs.

Comme par magie, l'homme sort de la capuche de sa djellaba un sandwich, du pain et un morceau d'omelette, qu'il me tend. Je lui fais comprendre que je ne peux pas saisir la nourriture : mes doigts sont enflés par la pression de la corde qui, pendant la séance de torture, a lié mes poignets. Il tâte ma main, soupire. Puis il me fait manger lui-même. Il rompt la nourriture, confectionne de petites bouchées qu'il glisse entre mes dents. Je mange lentement. Chaque mouvement de mâchoires me fait mal.

Le bruit métallique, encore une fois. Je comprends que l'homme a posé près de lui une petite théière et un verre en équilibre sur le goulot. Cet inconnu que je bénis encore me verse un verre de thé, le met entre mes mains. Je bois quelques gorgées, toujours aussi lentement. L'inconnu attend que j'aie fini.

— Tu me reconnais ? souffle-t-il ensuite.

Jouissant de la chaleur bienfaisante du verre contre ma paume, je secoue la tête.

— On ne voit pas à un mètre... Comment veux-tu que je distingue tes traits ?

Accroupi, sans doute, ou à genoux, il s'approche un peu plus, me parle à l'oreille :

— Nous nous sommes rencontrés il y a longtemps, dit-il. Très longtemps... Mais je n'ai rien oublié.

Il me rappelle que, plus de vingt ans plus tôt, quarante membres de la résistance luttant contre le protectorat se sont retrouvés chez les Bourequat pour participer à une réunion organisée par mon père. Celui-ci, bien que de nationalité française, a toujours été partisan, comme tous les libéraux, qu'ils fussent français ou marocains, de l'indépendance du pays. Cette réunion devait régler les différends qui opposaient les multiples factions de la résistance. L'homme me précise qu'on y a évoqué entre autres le sort de la dernière livraison d'armes en provenance d'Europe de l'Est et des États-Unis, destinée à l'armée de libération marocaine. Les hostilités au Maroc ayant pris fin avec le retour d'exil de

Mohammed V, ces armes furent cédées, en gage de coopération, à l'armée de libération algérienne.

Je me souviens parfaitement de la scène. Pourtant, je secoue une nouvelle fois la tête.

— Comment veux-tu que je me rappelle de toi au milieu de quarante personnes ?

— C'est moi qui faisais le rapport de réunion. Depuis, je suis entré dans la police... Sais-tu où tu es ?

— Non.

— Au Point fixe 3. Une villa perdue dans Rabat, en plein quartier résidentiel. Tes frères sont là eux aussi.

— Mes frères ?

J'ai l'impression de me vider de mon sang. Mes mains tremblent, le thé que j'ai bu remonte dans ma gorge.

— Tu occupes la cellule 10, poursuit l'homme. Midhat est dans la cellule 8, Bayazid dans la cellule 9...

— Mais pourquoi ?

Sans répondre, l'inconnu murmure :

— Sais-tu entre les mains de qui tu te trouves ?

— On me l'a dit : les services secrets.

— Tu as été livré au colonel Dlimi en personne. Et il ne te lâchera pas. Alors dis-leur ce qu'ils veulent entendre et ton calvaire prendra fin.

Je ferais n'importe quoi pour que cesse ma douleur, pour qu'on ne me torture plus. Midhat et Bayazid ont-ils été torturés eux aussi ? Les a-t-on fait hurler comme on m'a fait hurler ? Les larmes piquent mes yeux. Je dis à mon bienfaiteur :

— Ils veulent me faire avouer que je suis un agent des services secrets français...

— Avoue tout ce qu'ils veulent.

— Mais je ne suis l'agent de personne ! Et l'espionnage est un crime. Saisis-tu la gravité d'un tel aveu ?

— Oui. Je comprends. Mais tu dois dire ce qu'on te demandera de dire.

Silence. Une autre gorgée. Puis :

— Je veux que tu saches que ceux qui t'ont enlevé obéissent aux ordres du roi. Jamais ils n'auraient agi seuls, sans son aval...

— Je sais.

L'eau de toilette de Guerlain, les babouches blanches, les trois petits coups sur la table...

La voix de l'homme enfle légèrement. Il martèle ses mots, comme si, dans le noir, il serrait les poings.

— Dlimi est un criminel ! Pour l'amour du Ciel, dis-leur n'importe quoi ! Je ne tiens pas à voir un Bourequat finir derrière ces murs, là, dehors...

— Qu'y a-t-il dehors ?

— On appelle ça le « cimetière privé du roi ». Un trou, de la chaux, de l'eau par-dessus et c'est tout.

La douleur, encore, à chaque inspiration. Mais il y a quand même les petites choses de la vie, les plaisirs auxquels on tient et qui, lorsqu'on vous en prive, deviennent des grâces. L'inconnu insiste, m'abjure d'avouer. En guise de réponse, je lui demande :

— Tu as une cigarette ?

— Non. Je ne fume pas.

Il me donne de nouveau la becquée, me verse deux autres verres de thé. Il se lève, marche à pas de loup vers la porte, disparaît.

Deux minutes plus tard, il est de retour. Le bruit léger d'une boîte d'allumettes qu'on secoue me fait sourire.

— Voilà du feu, murmure l'inconnu. Et trois cigarettes... Surtout, ne laisse aucune trace.

Allumant sa torche, il me désigne, entre la porte et le mur, un endroit où je pourrai écraser mes mégots.

L'enlèvement

— Adieu, dit-il.

Sa torche s'éteint. Il s'en va, me laissant seul. Mais la voix feutrée, le chuchotement de cet ami sans visage me hanteront toute la nuit, comme m'obsédera la présence de mes deux frères, si près de moi et pourtant inaccessibles, eux aussi enfermés dans leur désarroi, leur solitude, leur incompréhension.

— Dis-leur tout ce qu'ils veulent savoir. Avoue...

Ces mots suppliants me martèlent les tympans, résonnent comme une cloche.

— Dis-leur... Avoue !

Le rite commence à me devenir familier : jour à peine levé, grincement de la porte. Le garde s'avance, me bande les yeux. La cour, le bureau ; le fauteuil, le bandeau qu'on dénoue. Mes pupilles s'adaptent à la lumière du soleil qui entre par la fenêtre. L'homme que je trouve en face de moi n'est pas le même qu'hier. Quelle importance ? Les visages se brouillent, les traits se confondent. Et le ton ne change guère.

— Es-tu disposé à parler ?

L'épuisement se fait sentir. La douleur me taraude toujours. Il faut répondre quand même :

— Je suis là pour ça. C'est vous qui ne voulez rien entendre.

La rengaine reprend, monotone.

— Quelles sont les responsabilités de Philippe Rheims dans les services secrets français ?

Pour la centième et dernière fois, j'ânonne :

— Je n'en sais rien.

Impassible, comme s'il n'avait pas entendu, l'homme poursuit :

— Quelle est sa position exacte ? Quelles informations veut-il obtenir sur le Maroc ?

Accablé, je ferme les yeux. Je réplique d'une voix lasse :
— Il cherche à savoir si les Marocains sont capables de gérer leur pays.

C'est vague. J'ai lancé ce qui me passait par la tête. Mais ma réponse peut paraître plausible : le Maroc vient à peine d'engager une politique de marocanisation, notamment des terres agricoles que le gouvernement a reprises aux étrangers.

Mon interlocuteur me fixe avec insistance. Pense-t-il tenir enfin la clé de ce qu'il cherche ou de ce qu'on lui a ordonné de chercher ? Croit-il à son rôle, à la véracité de ce qui va suivre ? Je m'en moque. J'ai décidé d'acquiescer à tout ce qu'il me débitera. Comme pour me surprendre, il me lance à brûle-pourpoint :
— Connais-tu le baron de Cheremetief ?
— Bien sûr.

Impossible de me dérober. Ce nom jeté au hasard prouve que les services secrets sont en possession de mon carnet d'adresses.

Me scrutant toujours, l'homme insiste.
— Si tu le connais, tu sais pour qui il travaille...
— Pour qui ?
— Les services secrets soviétiques.
— Oui, oui, certainement, dis-je sans conviction.

Je n'en crois pas mes oreilles. Le baron de Cheremetief, un Russe blanc installé à Paris, a hérité d'une très grosse affaire au Maroc. Son épouse a fait ses études à l'école Sainte-Marie de Neuilly où, en 1957, elle s'est liée avec mon amie la princesse Nezha, sœur cadette du roi. Les deux femmes se sont retrouvées au cours d'un cocktail auquel j'étais, moi aussi, convié. Tout naturellement, la princesse me présenta au baron qui, après les mondanités d'usage, me tendit sa carte de visite, que je glissai dans mon calepin.

Rien de plus. Et voilà qu'on m'affirme, ce qui est une aberration, qu'il obéit aux ordres du Kremlin. Subrepticement, je hausse les épaules. Mon interlocuteur me dévisage, se penche légèrement par-dessus la table.

— Tu savais donc qu'il travaillait pour le KGB...
— Bien sûr.
— Et tu étais en contact avec lui...
— Tout à fait.
— Tu travailles donc, toi aussi, pour le KGB.
— Bien entendu.

Ainsi s'égrène le chapelet. Entré discrètement, un scribe, en civil comme mon interlocuteur, consigne mes réponses par écrit avec une fébrilité qui me sidère. Chaque question le pousse à noircir des pages et des pages. Le dossier qu'il constitue s'épaissit, devient volumineux. Je me demande bien ce qu'il peut écrire. D'un autre côté, je ne m'en soucie guère.

Mon interlocuteur semble connaître mon carnet par cœur. Les « révélations » se succèdent. Les sbires de Hassan II ont également saisi chez moi un paquet de documents relatifs au mess des officiers américains de Rabat dont j'ai été le gérant. Sur ces documents figurent les noms de plusieurs dizaines de militaires US.

— Tu travailles aussi pour eux...
— Qui, eux ?
— La CIA.
— Oui.
— Tu te rends souvent en Arabie Saoudite, soi-disant pour tes affaires... Es-tu appointé par les services secrets saoudiens ?
— Oui, oui.
— Bien.

Le scribe note toujours, de plus en plus vite. Sans aucun

doute, la crampe de l'écrivain le guette. Il écrit pourtant de plus belle, avec une sorte de jubilation. Cette scène absurde se poursuit.

— Il y a dix ans, avec ton père, tu as effectué un voyage en Algérie. Vous connaissiez de nombreux dirigeants algériens...

— Houari Boumediene, en particulier.

— Parfait. Tu es donc un agent des services secrets algériens.

— Oui.

Ce n'est pas fini. Restent la Libye et surtout la Tunisie, d'où sont originaires mes ancêtres paternels. Mon cousin a même été Premier ministre de ce pays pendant dix ans, de 1959 à 1969. Le roi n'ignorait rien de cette parenté ; le dirigeant tunisien la lui a révélée lui-même lors de sa visite officielle au Maroc. Il a, d'ailleurs, annulé un périple sur l'ensemble du territoire pour pouvoir passer quelque temps chez nous, à Rabat. Après ses entretiens au palais, il venait à la maison en cortège officiel. Cela n'échappait à personne.

— Finalement, vous travaillez en famille...

— C'est-à-dire ?

— Tu es un agent secret tunisien.

— Tout à fait.

Me voilà devenu, en l'espace de quarante-huit heures, un espion redoutable et multiple (que peut-on bien espionner au Maroc ?) travaillant sans scrupules pour les services français, soviétiques, américains, libyens, algériens, tunisiens. Où aurais-je trouvé le temps de m'occuper de tant de choses à la fois, de recueillir des renseignements tous azimuts, de les communiquer à mes innombrables contacts ? Mon interlocuteur ne se le demande pas. Il a l'air satisfait. Le scribe cesse d'écrire, se masse les doigts. On m'apporte des cigarettes, du café, du thé.

L'enlèvement

Parfois, pendant l'interrogatoire, j'ai tourné discrètement la tête vers la fenêtre, pour jeter un coup d'œil dehors. J'ai aperçu un grand espace vert, des orangers. Pas de doute : le PF3 est bien une villa.

J'apprendrai par la suite que cette petite ferme a elle aussi, comme le PF2, appartenu à la famille Mokri, dont on a jadis confisqué les biens. Cette famille occupait à une époque des postes importants dans la hiérarchie de l'État. Le patriarche des Mokri a été grand vizir (Premier ministre), ses enfants et petits-enfants vizirs (ministres) ou hauts fonctionnaires.

J'aurai tout le loisir, au fil des mois, de me familiariser avec ce lieu secret de détention et de tortures situé dans la localité de Bir Rami, à environ trois cents mètres de la route des Zaërs et à deux kilomètres à peine de la villa d'une des sœurs du roi, la princesse Aïcha. J'aurai l'occasion d'apprendre que ses quinze cellules ont hébergé des gens bien connus au Maroc, comme le célèbre opposant Moumen Diouri dont le combat, aujourd'hui, en 1993, continue avec la même intensité, et qui occupa un temps la cellule 8 où croupit à présent Midhat, ou Omar Ben Messaoud, impliqué en 1972 dans l'affaire des ministres corrompus, qui séjourna dans la cellule 9, où l'on a enfermé Bayazid. On me révélera aussi que la propriété, véritable « cimetière privé », pour reprendre l'expression de mon visiteur de la veille, compte, en plus de la chaux, une scierie destinée à la fabrication des cercueils.

Ce Point fixe n° 3 dépend de la Direction générale des études et de la documentation (DGED), les services secrets dirigés par le colonel Dlimi. La sécurité des prisons secrètes relevant des services spéciaux est assurée par le commandant Ouchettou, officier détaché à la DGED, supérieur direct des commissaires de police Ben Mansour et Ben Cherif, chargés des missions et des basses œuvres. Ce sont eux qui m'ont torturé : Ben Mansour au PF1, Ben Cherif au PF3.

Selon un système original inventé au temps du protectorat par le général Boyer de La Tour, la garde des prisons secrètes des environs de Rabat est confiée aux membres d'une même famille, de la tribu des Aït Serghouchen, originaire de la localité dite « Talsint », dans le Moyen-Atlas. Le chef de cette famille, le brigadier-chef de police Mohand Boutoulout, dit « Moh », également détaché à la DGED, exerce une autorité absolue sur les autres gardes, ses frères et adjoints Abdellah et Ali Boutoulout, à qui obéissent, au PF3, plusieurs sous-brigadiers et agents de police, dont Jaâfar, Moulay Ali Fakhim, Zidane, Bouazza, Aâssou, Hamou Ben Othmane et Ali Agharbi, à qui il faut adjoindre un cuisinier, Lamtioui, qui sera remplacé en 1974 par un dénommé Larbi. Les gardes font également office de fossoyeurs.

J'aurai tout le temps de connaître ces hommes, de les côtoyer. Pour l'heure, je ne sais toujours pas ce qu'on me veut ni pourquoi je suis là, ni pour quelles raisons. Le scribe vient de rédiger sur moi un fatras d'absurdités.

Ce dossier semble pourtant intéresser au plus haut point un homme jeune, petit, trapu, aux gros sourcils et aux cheveux très noirs, qui est entré dans le bureau à la fin de l'interrogatoire. C'est Ben Cherif. Il parcourt les pages, me fixe de temps en temps, reprend sa lecture. Il donne ensuite l'ordre de me ramener dans ma cellule après m'avoir bandé les yeux.

À l'entrée de l'enceinte où se trouvent les cellules, mon garde m'arrête d'une pression du bras, interpelle un homme dont je discerne les pas.

— Lamtioui !
— Oui ?

— Où vas-tu ?
— Je rentre chez moi. J'ai fini mon service. Tous les prisonniers ont mangé.
— Et lui, il a mangé ?
Le cuisinier se racle la gorge. D'une voix gênée, il répond :
— Lui ? Non, pas depuis son arrivée. Quand j'ai vu ceux qui l'emmenaient, j'ai cru qu'il ne reviendrait pas. Alors, je ne lui ai rien laissé.
— Va lui chercher des restes.
— Mais j'ai fini mon service et...
— Va.
— Bon, bon...
En s'éloignant, Lamtioui grommelle :
— Ce n'est pas ma faute... Je pensais vraiment qu'il ne reviendrait pas.
De nouveau la dalle, qu'il me faut franchir. La porte se referme.

Dès lors, pourrait-on dire, je m'installe dans la détention. Je me coule, coupé de tout contact avec l'extérieur, dans la morne existence de prisonnier, cette vie au ralenti que rien ne trouble, pas même les souvenirs qui tournent en rond ni l'horaire des repas.

Tôt le matin, le surlendemain de l'hallucinant interrogatoire, un garde pénètre dans ma cellule. « Encore des questions ! » me dis-je. L'homme se contente de m'accompagner aux toilettes. Je me débarbouille au robinet. Je rince, surveillé par le garde, mon gobelet de plastique et mon assiette métallique. L'homme me ramène ensuite dans ma cellule.

On m'apporte un café, qui me paraît bon, et du pain. Je

retrouve ma solitude, entre mes quatre murs. À midi, déjeuner : quelques légumes, un minuscule morceau de viande. Menu identique, sans aucun doute, pour Midhat et Bayazid. La solitude encore, jusqu'au soir. J'aurai droit, pour le dîner, au même « plat » qu'à midi, après un deuxième tour aux toilettes.

Ainsi passent les jours. Comment décrire l'ennui, sans lecture, sans occupation d'aucune sorte, avec les souvenirs qui s'accélèrent, les interrogations qui persistent, toujours aussi obsédantes, l'angoisse, l'incertitude sur un avenir qu'on n'imagine même plus, l'inquiétude au sujet de mes deux frères tout proches et de ceux que nous avons laissés là-bas, ma mère, ma fille, ma compagne, ma famille dont nous ne savons rien ?

Qu'imaginent-ils, tous ? Que leur a-t-on dit ? Nous croient-ils déjà morts, liquidés à la sauvette et enterrés dans un coin désert où nul ne nous découvrira ? Les a-t-on inquiétés eux aussi ? Sont-ils entre les griffes de ceux qui nous détiennent ?

Les images se succèdent ; des scènes imaginaires aussi terrifiantes que des cauchemars défilent devant mes yeux. Je les chasse mais elles reviennent, plus insistantes encore, plus cruelles.

Minutes, heures, jours : je compte, machinalement. Repas, toilette. La douche, une fois. Soirées semblables aux matinées et aux après-midi, longues nuits. Insomnies. Chaque fois que la porte s'ouvre, je m'attends à être conduit vers la salle d'interrogatoire. Mais rien ne se produit jusqu'au 28 juillet.

A l'aube, ce jour-là, le bandeau bien serré, comme toujours, on m'emmène aux toilettes. Au retour, alors que le garde me saisit le bras, ainsi qu'il le fait d'ordinaire, je sursaute : la pression des doigts a changé. Ce n'est pas la même main qui serre mon coude ; un autre garde m'a pris en charge.

Au lieu de tourner à droite, en direction de ma cellule, il m'entraîne vers la gauche. Je reconnais le chemin qui mène à mes tortionnaires. Intérieurement, je m'effondre. Mes jambes s'alourdissent. Ma démarche se fait plus lente, les battements de mon cœur s'accélèrent. Je me dis, le désespoir dans l'âme : « Tout va recommencer. »

On m'introduit dans le bureau où j'ai subi mon dernier interrogatoire. On me fait asseoir, on enlève mon bandeau.

L'aspect de la pièce s'est modifié. Il n'y a plus un seul fauteuil mais deux, séparés par une table ronde. J'ai pris place dans l'un d'eux. Dans l'autre se tient un homme d'une taille herculéenne, un colosse que j'ai déjà aperçu dans les douches.

— Bonjour, me dit-il.

Ce mot, lancé d'une voix presque aimable, me surprend. Quelques minutes plus tard, un garde entre avec du café au lait, du pain et du beurre. Il pose le plateau sur la table, me regarde.

— Vous êtes fumeur ?
— Oui.

Je n'ai pas tiré une bouffée depuis la visite nocturne de mon bienfaiteur inconnu, il y a presque trois semaines. Le garde me tend des cigarettes. J'en allume une après m'être restauré. Le colosse, qui s'est levé et s'adosse près de la porte, fait de même.

Je fume avec avidité. La pièce se transforme bientôt en fumoir. Le colosse ne parle pas. Il grille lui aussi ses cigarettes, comme plongé dans une rêverie profonde. Je me sens las, épuisé et inquiet. Combien de temps tout cela va-t-il durer ? Quand vais-je enfin sortir d'ici avec mes deux frères ?

Dix-huit ans de solitude

Questions absurdes, aussi incongrues que le « bonjour » par lequel le colosse m'a accueilli. Rien n'est fini. A moins que tout ne soit définitivement terminé, que tout espoir ne soit irrémédiablement perdu.

Le colosse fume de plus en plus, comme moi. Visiblement, nous attendons quelqu'un. Tout d'un coup, l'hercule se dirige vers moi. D'un geste vif, il s'empare de mon bandeau, le plaque contre mes paupières. Un autre personnage vient d'entrer. Il s'agit sans doute de quelqu'un d'important, puisqu'on vient de me bander les yeux. Je sens sa présence derrière ma tête. Il n'a pas prononcé une seule parole. Mais il est là.

J'ai entendu le colosse débarrasser le plateau du petit déjeuner. A présent retentissent des bruits de couverts. Je respire une odeur de cuisine, de plat chaud. Une voix me dit :

— Retire ton bandeau et mange.

Je m'exécute. Je reconnais alors le personnage qui a remplacé, devant moi, le colosse de tout à l'heure.

Lui aussi est en civil. Ses traits, ses yeux noirs, sa peau mate, sa moustache, sa taille et sa carrure d'athlète me sont familiers. La surprise passée, j'esquisse un mouvement pour le saluer. D'un geste, il m'empêche de me lever. Nous restons ainsi quelques instants les yeux dans les yeux, moi et le colonel Dlimi, chef des services secrets de Sa Majesté Hassan II.

Il répète calmement :

— Mange...

Sa présence me coupe l'appétit. Le fumet de volaille devrait me donner l'eau à la bouche. J'ai plutôt envie de le chasser d'un revers de la main.

— Mon colonel, je voudrais vous expliquer...

La voix de Dlimi se fait sèche, impérieuse :

— Tu n'as rien à m'expliquer. Et depuis quand me vouvoies-tu ? Tu peux continuer à me tutoyer comme avant. Mais maintenant, mange.

Je baisse les yeux vers le poulet découpé, les petits pois et la bouteille de jus de fruits installée à droite de l'assiette.

— Mange, répète Dlimi.

Je saisis une aile que je mordille, avalant quelques bouchées. Dlimi m'observe. J'ai de moins en moins faim. Je repose l'aile à demi entamée avant de me lécher les doigts.

Irrité, Dlimi insiste :

— Mange tout ce qu'il y a dans l'assiette.

— Je ne suis pas gros mangeur...

— Je te dis de finir ton assiette !

J'obéis. J'avale tout, en me forçant, sous l'œil du colonel. Après un silence pesant, il murmure :

— Je te croyais intelligent. Mais tu es con, Ali...

— Il faut d'abord comprendre les choses...

Il me coupe brutalement :

— Je n'ai rien à comprendre ! Je pensais que tu le connaissais, que tu savais qui était Hassan ! Crois-tu que c'est nous qui enlevons les gens, qui les tuons, qui provoquons les accidents ? Tout cela, c'est lui et lui seul qui l'ordonne. Crois-tu que le général Medbouh a voulu le tuer à Skirat pour le plaisir ? Et Oufkir ? Tu crois que c'est pour s'amuser qu'il a tenté d'abattre celui à qui il devait tout ? « Le Nègre » est une crapule, un criminel de la pire espèce qui cherche à nous liquider tous les uns après les autres...

Je le dévisage. Il parle, parle... Sa voix monte, devient criarde, violente. Je l'écoute déverser sa rancœur sur Hassan II. J'ai l'impression qu'il parle pour lui-même, comme si je n'étais pas là. Mais c'est à moi qu'il s'adresse. Car il se penche vers moi et me lance :

— Et toi, tu es allé voir le Nègre. Tu l'as prévenu pour me détruire. Pourquoi ? Que t'ai-je fait ?

Silence. Ses yeux dans les miens, ses traits crispés par la fureur... J'ai soudain froid dans le dos. Je comprends sans comprendre. Car il est vrai que je suis allé voir le roi, en temps voulu, pour l'avertir d'un complot fomenté contre lui par Dlimi en personne. Mais pourquoi le roi l'a-t-il mis au courant ?

— Quant à l'affaire du marbre... Si tu étais venu me voir, nous nous serions mis d'accord tous les deux. Tu me connais. Mais tu es con, Ali...

Venir le trouver ? Je n'en avais pas eu la moindre envie. Pour comploter avec lui, non. Nous étions en concurrence pour l'exploitation de ce gisement de marbre, soit, mais...

Je me rends compte avec horreur que Dlimi croit sûrement que j'ai dénoncé son projet contre Hassan par intérêt. Et là, je suis doublement perdu. Je hasarde de façon laconique :

— Je ne t'en ai pas parlé, c'est tout.

Il me fixe toujours...

— Eh bien voilà. Maintenant, tu payes ton erreur.

Les mots de mon visiteur nocturne me reviennent en mémoire : « Tu es entre les mains de Dlimi, il ne te lâchera pas. » Tout se brouille dans ma tête. L'eau de toilette Guerlain, les babouches... Dlimi et le roi nous ont-ils enlevés de concert après s'être mis d'accord ? Si c'est le cas, rien ne me sauvera. Mes lèvres tremblent, ma poitrine se vide. Etchika Choureau, Philippe Rheims, mes « aveux » grotesques, le gisement de marbre, le complot avorté, Dlimi devant moi, plus puissant que jamais... Mon esprit se brouille. Rien. Je ne comprends rien. Mais j'ai la certitude que tout est perdu.

Que faire ? Mon amour-propre m'abandonne. Je regarde Dlimi et je bafouille :

L'enlèvement

— Je t'en supplie...

— Tu n'as pas à me supplier ! L'ordre de te séquestrer ne vient pas de moi, mais du Nègre. S'il n'avait tenu qu'à moi, rien ne te serait arrivé. La preuve : regarde comment je te traite...

Il se lève, marche vers la porte. Il se retourne, s'arrête à quelques pas du seuil.

— Sache enfin ceci : le jour où il me donnera l'ordre de t'exécuter, comme il l'a fait pour Medhi Ben Barka et tant d'autres, je ne te tuerai pas moi-même. C'est la seule faveur que je puisse t'accorder...

Il se détourne, appelle le garde.

— Qu'on l'emmène !

Le bandeau, la pression de la main sur mon bras. Je me sens vide, hébété. Dlimi a disparu.

Une fois dans ma cellule, je demeure prostré un long moment. Je finis par me lever. Je m'approche de la porte. Je distingue à travers l'étroite lucarne une partie de la cour. Mais ce n'est pas cela qui m'intéresse. Par l'interstice, entre le mur et la porte coulissante, je vois, des deux côtés, les portes des cellules voisines : la 8 et la 9. Je m'immobilise, retenant mon souffle.

Un moment plus tard, j'aperçois l'œil gauche de Bayazid, qui a eu la même idée que moi. Je discerne son désarroi, son pauvre sourire.

Nous sommes là, Midhat, Bayazid et moi, si proches mais incapables de communiquer, enfermés, isolés, loin de tout. L'horizon n'est qu'à trois mètres. Mais personne, hormis Hassan, Dlimi et nos gardes, ne sait où nous nous trouvons. Morts et enterrés, nous le sommes déjà. Du moins le croyons-nous, car il y aura bien pire. Comparé à Tazmamart, le PF3 est une villégiature...

Dix-huit ans de solitude

Les jours passeront, les semaines, les mois. Repas, toilette, repas... Assis ou allongé sur la couverture militaire qui me sert de lit, je n'aurai rien d'autre à faire qu'à fouiller dans mon passé, à tenter de le revivre en détail, cherchant en vain une réponse à la question qui, pendant des années, ne cessera jamais de me hanter.

« Pourquoi ? »

II
QUAND NOUS SOUPIONS AVEC LE DIABLE

Sans doute ai-je été monarchiste autrefois, du temps de ma jeunesse, puisque, secrétaire particulier de mon père, lui-même organisateur des services secrets marocains, j'ai servi un monarque, en l'occurrence Mohammed V, prédécesseur et père de Hassan II. Mais j'ai eu, depuis, tout le loisir et de bonnes raisons de changer d'avis, de faire mien le crachat de Saint-Just (« les rois dorment dans le crime ») et le mépris exprimé par le Coran, dont se réclament tant de despotes mais qui dit sans ambages : « Tout roi qui pénètre dans une cité la souille. »

Pourtant, les relations des Bourequat avec leurs cousins alaouites, dont la dynastie règne sur le royaume chérifien depuis trois siècles, ne datent pas d'hier.

Contrairement à ce qu'ont pu insinuer certains, nos origines n'ont rien de mystérieux. Venue d'Arabie, la famille Bourequat prit pied au Maghreb lors de l'invasion de l'Afrique du Nord par les « Chorfas », descendants du prophète Mahomet qui, au Xe siècle, introduisirent l'islam dans cette partie du monde. Installée en Tunisie, la branche dont mon père était issu fonda la dynastie des Fatimides et construisit Kairouan, capitale de l'empire de l'Ifrīqiya qui s'étendait de la mer Rouge à l'Atlantique. Ma mère, elle, descend d'une branche cousine qui se fixa au Maroc : les Alaouites, précisément.

Après des études à l'académie militaire d'Istambul d'où il sortit officier de gendarmerie à la fin de la Première Guerre mondiale, mon père, regagnant en 1918 la Tunisie, son pays natal, transita par Paris. Il fréquenta ensuite les universités de Damas, de Bagdad et du Caire. Il fit un nouveau séjour à Paris en 1924. Deux ans plus tard, en 1926, de retour en Tunisie, il épousa sa cousine germaine du côté maternel. Ma mère était marocaine, proche cousine de Mohammed V. Mon père émigra donc au Maroc. Il ne devint pas marocain pour autant. Paris et la France l'avaient marqué à vie. Il opta pour la nationalité française, qui lui fut accordée le 23 novembre 1927 par un décret du président Gaston Doumergue.

Il joua dès lors au Maroc un rôle important. Fonctionnaire de police, il créa en 1931 la section marocaine de la Ligue des droits de l'homme, dont il devint le président, et celle du parti radical, au sein duquel il militait. Le président Édouard Herriot était un de ses amis personnels.

En 1936, le gouvernement du Front populaire nomma le général Charles Noguès, très lié avec le sultan, résident général au Maroc.

Mon père assurait, à la veille du second conflit mondial, la liaison entre les services secrets français, britanniques et surtout américains sur l'ensemble de l'Afrique du Nord : Maroc, Algérie, Tunisie. La défaite de 1940 mit un terme provisoire à sa carrière. Le gouvernement de Vichy, contre lequel il prit parti dès le début, le révoqua.

Le résident général, le général Noguès, non seulement ne se désolidarisa pas du maréchal Pétain, mais devint un partisan déclaré de la collaboration avec les nazis. Il avait une très grande influence sur son ami Mohammed ben Youssef, le sultan Mohammed V. Il l'encouragea à se jeter dans les bras de l'Allemagne.

Le sultan fut sensible à ses arguments, d'autant que les nationalistes le poussaient dans le même sens. Pour les Marocains de l'époque, partisans de l'abolition du protectorat français, l'Allemagne était avant tout la puissance qui avait vaincu la France et mis fin à son prestige, donc peut-être une chance pour l'émancipation du royaume chérifien. En réalité, depuis la fin du XIXe siècle, l'Allemagne avait toujours gardé un œil sur le Maroc. La visite de Guillaume II à Rabat, avant la Première Guerre mondiale, avait eu un grand retentissement. Depuis, les Allemands rêvaient de mettre la main sur le pays, tout comme l'Italie de Mussolini rêvait de s'emparer de la Tunisie. Ce rêve faillit se concrétiser. En plein accord avec les nationalistes, le sultan Mohammed V fit savoir à l'Allemagne qu'il prenait fait et cause pour elle. Hitler lui promit, promesse bien entendu mensongère, d'assurer après la guerre l'indépendance du pays. Le sultan le crut.

C'était une politique imprudente. La guerre n'était pas jouée et la victoire finale de l'Allemagne, en dépit de ce qu'en pensaient ses partisans, n'avait rien d'une certitude. Gaulliste de cœur, mon père conjura le sultan non seulement de garder ses distances avec Hitler et Vichy mais surtout de renoncer à faire porter l'étoile jaune aux juifs, ce qui était une infamie. Il voyait juste. Le débarquement anglo-américain en Afrique du Nord renversa la situation. Après trois jours de combats meurtriers, le général Noguès à qui Vichy avait donné l'ordre de résister aux blindés américains avec ses cavaliers berbères – ses « goums » dont les morts furent enterrés dans des cimetières chrétiens, les musulmans ayant refusé de les accepter – s'enfuit, vaincu, au Portugal. La conférence de Casablanca entre Churchill, Roosevelt, le général Giraud, ancien vichyste appuyé par les États-Unis et de Gaulle, soutenu par les Anglais, entérina le retour officiel de la France dans la guerre aux côtés des alliés.

L'élimination de Giraud, homme de Roosevelt, par de Gaulle, qui devint définitivement chef de la France combattante et prit le contrôle de l'armée d'Afrique, mit le sultan et les nationalistes dans l'embarras. Bon prince, de Gaulle ne tint pas rigueur à Mohammed V de son flirt avec l'Allemagne. Il le fit même compagnon de la Libération, décoration réservée pourtant aux gaullistes de la première heure. Quant aux unités marocaines, elles prirent une part glorieuse à la campagne d'Italie, au débarquement de Provence et aux opérations de 1944-1945 à l'issue desquelles la France jadis vaincue signa la capitulation sans conditions de l'Allemagne nazie, retrouvant ainsi sa place de grande puissance. On se souvient que la plus grande fierté d'Oufkir était d'avoir contribué, comme lieutenant de l'armée française, à la victoire finale.

En 1944, le général Surdon, fervent gaulliste et directeur de la justice militaire pour l'Afrique du Nord, avait demandé à mon père, malgré son âge, de s'engager dans l'armée. Ce même général Surdon avait confié à ma famille tous les documents secrets du général de Gaulle au moment de son départ d'Alger. Ma mère les cacha dans une école de tapis qu'elle avait créée à Salé. On les expédia à de Gaulle lorsqu'il regagna Londres, qu'il quitta après le débarquement de Normandie pour s'installer à Paris comme chef du gouvernement provisoire de la République française.

Roosevelt avait promis à Mohammed V de tout faire pour que le Maroc accède enfin à l'indépendance. Mais Roosevelt mourut. La présence de la France parmi les vainqueurs, son retour en Indochine et sa mainmise sur l'ensemble de son empire remettaient tout en question. Après avoir joué la carte allemande, le sultan était redevenu un féal des Français. Quant aux nationalistes qui avaient pris langue avec l'Allemagne, et étaient du même coup considérés comme des traîtres, ils furent poursuivis.

Détaché à la justice militaire, mon père, après la condamnation à mort et l'exécution d'un premier groupe, fut nommé interprète auprès du tribunal militaire de Meknès, présidé par le colonel Briaire, qui devait juger, après instruction du capitaine Hamburger, un second groupe de onze personnes parmi lesquelles figuraient d'importantes figures du nationalisme marocain, notamment le secrétaire général du parti de l'Istiqlal, son trésorier, Ahmed Mekouar, et les frères Roudyiass.

C'est à mon père qu'on confia le dossier de ces nationalistes. Français de nationalité mais partisan de l'indépendance, ennemi de toute effusion de sang, il pensait que leur condamnation mettrait le feu aux poudres. Il estimait, d'un autre côté, que les nationalistes avaient un rôle à jouer, qu'il fallait pour cela les ramener à la raison, les convaincre de coopérer avec les libéraux dont il faisait partie. Il trouva dans le dossier une lettre écrite par eux aux autorités allemandes avec l'accord du sultan. Cette pièce aurait immanquablement envoyé les prévenus devant le peloton d'exécution. Il la subtilisa, la confia à ma mère, qui la porta au palais. Mis au courant de l'affaire, Mohammed ben Youssef attendait sa cousine avec impatience et inquiétude. Il la fit introduire par le tout jeune prince Hassan, actuel roi du Maroc. Devant le sultan, elle brûla le document.

Mohammed V fut toujours reconnaissant à notre famille de cette intervention. D'autant qu'après la guerre, lorsque le protectorat se fit plus lourd, plus autoritaire, les Français du Maroc et les autorités de tutelle ne comprenant rien aux aspirations du peuple qu'ils opprimaient — ou peut-être, parce qu'ils les comprenaient trop bien, faisant tout ce qui était en leur pouvoir pour les brimer – mon père, avec des libéraux comme Lemaigre-Dubreuil, qui devait finir assassiné, défendit sans relâche le sultan contre les agissements de la Résidence. Partant, il se heurtait de front aux autorités françaises, qui ne le ménagèrent guère.

Cela ne l'empêcha pas de s'opposer de toutes ses forces à la déposition de Mohammed V et à l'exil à Madagascar de la famille royale. Le traitement infligé au peuple marocain par la Résidence lui paraissait non seulement scandaleux mais absurde.

L'ère coloniale était révolue. Pourtant, les gouvernements français, dans leur aveuglement, continuaient à tenter de la perpétuer. La défaite de Diên Biên Phu, qui sonna le glas de la présence française en Indochine, ne servit de leçon à personne. La France s'engagea en 1954, en Algérie, dans une guerre sanglante. Au Maroc, la Résistance prit les armes. Mais la France s'accrochait, refusait de céder.

Il faut reconnaître que ce pays, « patrie des droits de l'homme », en a parfois une vision singulièrement restrictive. Pour paraphraser George Orwell dans *Animal's farm*, on pourrait dire : « Tous les enfants de la République française sont égaux, mais certains le sont plus que d'autres. » J'en fis moi-même l'expérience à la fin de mes études primaires, que j'avais suivies à Rabat. Le lycée de la capitale refusa mon admission. Bien sûr, j'étais français. Mais j'étais aussi arabe. Cela détonnait dans le tableau. Ces messieurs firent la moue. Et je me retrouvai dans une école privée tenue par des prêtres. Je ne m'en plains pas. La culture que j'ai acquise, moi, de confession musulmane, c'est aux bons pères catholiques que je la dois.

*
**

Quand nous soupions avec le diable

Octobre 1955. L'exil de Mohammed V prend fin. Le 31, le souverain légitime arrive en France avec les membres de sa famille pour participer aux conversations de La Celle-Saint-Cloud où doit se décider, après la parenthèse peu glorieuse du vieux sultan Ben Arafa, l'avenir du pays.

Mon père a pris dans ce retour une part active. C'est lui qui, avec ma mère et mon oncle maternel, a fait appel à Me Hachemi Chérif, avocat international à Tanger, pour défendre la cause de la famille royale et de la souveraineté marocaine.

Présidé par Edgar Faure, le nouveau gouvernement français est bien décidé à régler définitivement la question du Maroc. Issu de la « vieille école » et marié à une Berbère, ce qui l'a fait surnommer par dérision « Moha ou la Tour », le résident général Boyer de La Tour, successeur du libéral Gilbert Grandval, a été relevé de ses fonctions. M. de Panafieu, consul général de France à Tanger, assure l'intérim, avec pour mission de faciliter la tâche de Hachemi Chérif, à qui le gouvernement français a demandé de résoudre le problème de la vacance du trône provisoirement occupé par le sultan Ben Arafa après l'exil de Mohammed ben Youssef.

Quand on lui demande de se retirer, le vieil homme s'exécute de bonne grâce. Tout se fait en douceur. Boyer de La Tour a regagné Paris, laissant au Maroc son officier d'ordonnance, un certain capitaine Oufkir. Celui-ci, avec l'aide du capitaine Ahardane, a organisé pour le compte de la Résidence la contre-guérilla contre l'armée de libération lorsqu'elle s'est opposée à la France.

Cette contre-guérilla consistait à faire déserter des éléments marocains de l'armée française avec armes et bagages, et à les envoyer se réfugier dans la montagne pour se faire récupérer par l'armée de libération nationale et pouvoir ainsi informer l'état-major français de tous les projets des rebelles.

Mis au courant du stratagème, le haut commandement de la résistance, basé au Caire, a prévenu le chef d'état-major de l'armée de libération nationale, laquelle a rapidement expédié les déserteurs dans le Moyen-Atlas pour ouvrir un second front. Quant à Oufkir, Ahardane et d'autres officiers comme Medbouh, Gharbaoui et Mimoun, ils ont été déclarés « félons » et condamnés à mort par le haut commandement de la résistance et l'armée de libération nationale.

Une fois encore, mon père est intervenu. L'exécution des traîtres risquait de compromettre les négociations sur l'indépendance. Le haut commandement de la résistance a accédé à sa demande. Oufkir et ses amis n'ont donc pas été inquiétés. Mieux : en tant qu'officier d'ordonnance, Oufkir emmène tous les jours au palais, dans une voiture officielle de la Résidence, le bâtonnier Hachemi Chérif. Sa fonction se limite à l'ouverture et à la fermeture des portières du véhicule. Il l'exploitera ensuite avec habileté, laissant croire qu'il a joué un rôle important dans la déposition du vieux sultan et le retour de Mohammed V. Ainsi s'écrit l'Histoire.

Négociée à Rabat, la restauration de Mohammed V précède de peu la déclaration de La Celle-Saint-Cloud affirmant enfin le principe de l'indépendance du Maroc après quarante-trois ans de protectorat.

Pour la durée des pourparlers, on a installé le sultan et sa famille à Saint-Germain-en-Laye, au pavillon Henri-IV. Mon frère Midhat est le premier Bourequat à lui présenter les vœux de notre famille. On le loge plusieurs jours au pavillon d'Estrées, ce qui lui donne l'occasion de renouer avec le prince héritier Hassan et son frère Moulay Abdallah. Il rencontre également toutes les personnalités marocaines et étrangères qui rendent visite au sultan. Vivant pratiquement au sein de la famille royale, il accompagne de temps en temps le prince héritier dans ses virées nocturnes.

Amateur de boîtes de nuit, Hassan dépense sans compter, avec une munificence toute royale. Roi, il ne l'est pas encore, toutefois. Et si le gouvernement français prend totalement en charge les frais de séjour de la famille de Mohammed V, il laisse à d'autres le soin de régler les excès du prince héritier qui invite dans les plus grands restaurants parisiens de très nombreuses personnalités, journalistes et hommes politiques notamment.

Ce goût du faste s'accompagne, chez Hassan, d'une passion immodérée pour l'argent. Il n'a rien d'un prince austère se préparant à sa charge future dans le secret de l'étude. Il accumule les dettes qui seront épongées par trois richissimes Marocains, dont l'un deviendra par la suite gouverneur de Casablanca, et qui subviennent aux « besoins » de la famille royale non assumés par la France.

Cet amour de l'or, cette volonté d'amasser par tous les moyens le plus de biens possible, cette rapacité qui fera de Hassan, en quelques années, un des hommes les plus riches du monde inquiètent déjà le sultan son père, comme le préoccupent les goûts de noceur de celui qui doit normalement lui succéder.

D'une jalousie morbide, complexé par sa taille et la couleur de sa peau (« le Nègre » – ce surnom lui restera), hanté surtout par sa légitimité que d'aucuns lui contestent : ainsi apparaît le prince Hassan.

Ses origines ont donné lieu à toutes les suppositions, à des commérages chuchotés jusque dans les couloirs du palais. La tradition exige que le sultan assiste à la venue au monde de son premier-né. Or, le jour de la naissance de Hassan,

Mohammed V était à Font-Romeu, dans les Pyrénées. Il ne se déplaça pas, laissant ainsi planer le doute sur sa paternité.

En 1927, à l'occasion de son intronisation, Mohammed V avait reçu de la part du Glaoui, pacha de Marrakech, son pire ennemi, un étrange cadeau : un jardinier et ses deux filles dont l'une, Zahwa, avait d'abord été promise au chauffeur du pacha.

Comme son père et sa sœur, Zahwa était noire. Ainsi qu'on le faisait pour tous les domestiques du palais, on la débaptisa : on l'appela « Abla », du nom de l'héroïne d'une des plus belles œuvres de la poésie préislamique, jeune fille chantée par son amoureux transi Antar, figure féminine aussi célèbre dans le monde arabe que le sont en Occident la Béatrice de Dante ou la Laure de Pétrarque.

Vive, espiègle, intrigante, Zahwa, alias Abla, devint la maîtresse du sultan. Comme dans les contes de fées (« Miroir, miroir, qui, dans ce royaume, est la plus belle ? »), Mohammed V lui fit présent d'un miroir que lui avait offert le consul d'Italie et qui, jusque-là, ornait le salon de son épouse légitime Lalla Amina.

Chérifa alaouite, petite cousine du sultan, issue de la même ascendance que lui, Lalla Amina, fille de Moulay Tahar de Marrakech, était d'une grande beauté. Mais Mohammed V avait été séduit par le charme d'une femme plus jeune, une esclave. Lalla Amina en conçut une grande amertume. L'affaire du miroir mit le feu aux poudres. Lalla Amina ne put admettre que le sultan fît don à sa concubine d'un objet qui lui appartenait. Il s'ensuivit une scène violente. Excédé, Mohammed ben Youssef répudia sa femme et épousa la jeune esclave. Comme il n'était pas concevable qu'un jardinier devînt le beau-père du souverain, le chambellan Mohammed Hassan Ben Yaïch signa, en tant que tuteur, l'acte de mariage en lieu et place du père de l'épousée.

De cette union naquirent officiellement le prince héritier Hassan, plus le frère et les sœurs de l'actuel roi.

Bien des années plus tard, de retour d'exil, Mohammed V, rongé par le remords, demanda à ma mère de le réconcilier avec Lalla Amina, injustement répudiée.

— Je porte ce fardeau sur la conscience, je voudrais lui rendre justice avant de mourir, lui dit-il.

Ma mère alla trouver Lalla Amina et plaida auprès d'elle la cause du sultan. Lalla répondit simplement :

— Jamais je ne reverrai ce chacal, ni dans ce monde ni dans l'autre.

Adulé de son peuple, respecté à l'étranger, Mohammed V avait une image flatteuse que, je peux l'avouer maintenant, les Bourequat, pendant la Seconde Guerre mondiale, avaient contribué à forger. Ce n'était pourtant ni un homme bon, ni un cœur tendre. Ne fit-il pas, en 1950, emmurer vivant sous ses yeux un maçon surpris, lors des travaux de la construction du palais « Dar es-Salam », à lutiner une de ses concubines ?

Ce maçon travaillait pour un entrepreneur nommé Lamine. Après avoir assisté au supplice de son ouvrier, emmuré vivant dans les fondations du palais, celui-ci rentra chez lui, à demi fou. Pour ne plus avoir à travailler pour le sultan, il refusa jusqu'à sa mort de sortir de chez lui. Son fils entra dans l'armée. Il devint adjudant-chef. Impliqué en 1972 dans le fameux attentat du Boeing, il fut condamné à cinq ans de détention. Hassan II prolongea arbitrairement sa peine. L'adjudant-chef Lamine mourut dans d'atroces circonstances en octobre 1981, « emmuré », comme nous tous, au bagne de Tazmamart.

Dix-huit ans de solitude

Hassan II, pourrait-on dire, a de qui tenir. Sous le règne de son père, le palais était déjà un monde clos dont les murs assourdissaient les cris des femmes flagellées. La vie de harem y était terrifiante. La moindre peccadille valait aux concubines ou aux esclaves du sultan une condamnation immédiatement exécutoire. Elles recevaient, selon la gravité de la faute commise, entre vingt-cinq et cent coups de fouet administrés par les « esclaves du feu ».

Tous les groupes composant le personnel du palais avaient à leur tête un caïd, lui-même placé sous l'autorité du chambellan. Le caïd commandant les « esclaves du feu » s'appelait Boucetta. Il exerça ses fonctions jusqu'à sa mort, en 1968, se coulant dans l'ombre de Hassan II après avoir servi son père. Il assista à tous les débordements, à l'augmentation du nombre des concubines (Mohammed V en avait vingt-cinq, Hassan II en aura quatre-vingts), fut le témoin de l'existence étouffante de ces jeunes filles qui, venues des douars les plus reculés de la campagne marocaine, se retrouvaient pour toujours prisonnières, qu'elles fussent choisies pour partager la couche du souverain ou lui servir tout bonnement de domestiques. Ce qu'il vit, le peuple marocain l'ignora. Tout se faisait de façon feutrée, secrète. Rien ne transpirait. Les personnes qui succombaient aux mauvais traitements étaient enterrées dans le cimetière situé juste à l'extérieur du mur d'enceinte du palais de Rabat, à côté des ruines de Chellah, de façon anonyme et sans cérémonie.

En 1955 pourtant, alors que l'indépendance se trouvait enfin à portée de la main, on se souciait peu de tout cela. Symbole de l'unité du pays et de sa fierté retrouvée, Mohammed V fut accueilli en héros. Son entrée triomphale à Rabat, à cheval, sous son dais, est restée dans toutes les mémoires. Marc Bergé, sous-directeur de la Sûreté nationale française, organisa le départ de France du sultan et de sa famille. Il avait au Maroc rencontré mon père à plusieurs reprises, notamment à l'occasion d'une enquête sur les événements sanglants de Oued-Zem, en 1954, au cours desquels des colons français avaient été égorgés. Les deux hommes se connaissant bien, le retour de Mohammed V se produisit sans incident. Marc Bergé travailla en étroite harmonie avec mon père qui se chargea avec lui de la sécurité du sultan et de sa suite en terre marocaine.

Le 16 novembre 1955, Mohammed ben Youssef fut définitivement rétabli sur son trône. Le 2 mars 1956, le Maroc accéda à l'indépendance.

Le sultan nomma Me Hachemi Chérif conseiller juridique, en récompense de son action en faveur de la monarchie chérifienne. Mon père, quoique français, resta sur place et n'abandonna pas les allées du pouvoir. Après avoir été un temps conseiller aux phosphates, il se retrouva en 1957 à l'état-major des forces armées.

L'armée royale marocaine venait d'être créée. Mais le pays connaissait encore de nombreux soubresauts. Une partie de l'armée de libération refusait de déposer les armes. La restauration de la monarchie ne la satisfaisait pas. Aux yeux des irréductibles, la passation de pouvoirs entre le protectorat français et Mohammed V ne faisait que remplacer une oppression par une autre. D'autant qu'au-delà de la frontière, en Algérie, un peuple frère menait un combat inégal contre les troupes françaises. Les « durs » de l'armée de libération voulaient à la fois continuer la lutte jusqu'à l'indépendance totale du Maghreb et balayer tout vestige des anciens maîtres, étrangers ou marocains.

L'armée royale elle-même donna dès sa création des signes de nervosité. Pour asseoir son pouvoir, le sultan s'appuyait sur d'anciens éléments de l'armée française, comme Oufkir, qu'il nomma aide de camp, ou Bekkaï, proche collaborateur de la Résidence, qui devint Premier ministre et prit comme conseiller le général français May, véritable maître du pays. Tout en prétendant laisser le Maroc assumer son destin en toute liberté, la France entendait bien y préserver ses intérêts.

Les jeunes diplômés marocains, qui auraient dû être les piliers de l'armée nouvelle, se sentaient frustrés. A cela s'ajoutaient des différends graves entre la résistance et l'armée de libération d'un côté, les nationalistes de l'Istiqlal de l'autre. Cherchant à tirer la couverture à lui, l'Istiqlal, parti au pouvoir, faisait croire que l'ALN et la résistance émanaient de lui alors que, totalement indépendantes des partis politiques, elles relevaient du haut comité de la résistance installé au Caire, avec une antenne, « le bureau arabe », à Madrid. Les membres de l'Istiqlal se posaient en héros. En fait, ils faisaient du nationalisme un commerce fructueux, allant jusqu'à vendre des cartes du parti aux anciens collaborateurs qui se blanchissaient ainsi à bon compte.

Mon père se retrouvait, au milieu de cette confusion, dans une situation paradoxale. D'origine tunisienne, de nationalité française mais acteur et observateur lucide de la vie politique marocaine, amoureux du Maroc, sa seconde patrie où ses enfants étaient nés, soucieux de voir le pays échapper aux troubles et à l'anarchie liés aux déferlements des ambitions de tous ordres, il servit le sultan, seul garant de l'unité nationale, avec constance.

Mohammed V lui demanda d'organiser les services secrets du deuxième bureau de l'armée. Tout en réprouvant la place qu'occupaient dans son entourage d'anciens féaux du protectorat, mon père accepta. Il m'engagea, à vingt ans, comme secrétaire particulier. J'avais déjà collaboré avec lui au temps de la présence française. Il m'utilisait comme courrier dans ses contacts permanents avec le sultan. J'avais alors quatorze ans. Je passais une partie de mon temps au palais où je côtoyais les princesses, le prince héritier et son frère cadet.

Tout ceci pour dire que les Bourequat ont contribué, avant et après l'indépendance, à la renaissance du Maroc. Nous avons été les témoins d'événements dramatiques, cocasses, loufoques, de comédies dignes de Labiche, de tragédies effroyables et sanglantes. Nous avons appris à connaître le futur Hassan II. Nous l'avons approché de près. De ce que nous avons vu et entendu, nous avons tiré de lui une image juste, sans doute, et pourtant incomplète. Sa véritable nature, sa part de nuit nous ont échappé.

— Tout souverain, a-t-il coutume d'affirmer, possède son jardin secret.

Celui de Hassan II retentit encore des plaintes et des hurlements de ses victimes. Nous ne le savions pas. C'est la seule chose que je me reproche. Peut-être aurions-nous dû nous montrer plus attentifs. Sans éprouver pour lui la moindre estime, nous n'imaginions pas à quel point il avait fait de la terreur sa compagne et sa muse.

Certes, nous étions des privilégiés. Nous occupions au Maroc une position enviable et enviée. Les rouages du pouvoir nous étaient familiers. Nous connaissions l'envers du décor, les tractations feutrées, les trahisons, les coups de poignard dans le dos. On n'entre pas impunément dans les services secrets, on ne se lance pas sans risques dans une activité qui, officiellement, n'existe pas. D'autant que j'évoluais, tout comme mes frères, dans la haute société marocaine. La fête était au rendez-vous ; la fête, c'est-à-dire les femmes, les nôtres et celles des autres, les « coups », les conquêtes faciles, avec tout ce que cela provoque comme jalousies, comme rancœurs.

Plus tard, lorsque, tournant définitivement le dos à mes activités occultes, je m'associai, en tant qu'homme d'affaires, avec Midhat et Bayazid, je continuai à côtoyer les mêmes gens. Ces enfants gâtés du régime pataugeaient dans les intrigues de cour, les dénonciations, les règlements de comptes. « Pour dîner avec le diable, dit un proverbe, il faut avoir une longue cuillère. » Nous ne soupions pas avec le diable lui-même, mais avec ses intimes. Nous n'ignorions rien de leurs passions, de ce « misérable petit tas de secrets » dont parle André Malraux, de leurs ambitions comblées ou déçues, des haines qu'ils ruminaient, des rivalités, des renversements d'alliances.

Bien sûr, nous en avons joué. C'était imprudent. Mais, tout comme notre père, nous ne devions notre réussite qu'à nous-mêmes. Après en avoir été des familiers sous Mohammed V, notamment à cause des liens de parenté qui nous unissaient au sultan, nous avons pris nos distances avec le palais dès l'avènement de Hassan II. Le nouveau roi, que nous n'aimions pas, ne nous inspirait que de la défiance. Son style, son côté « nouveau riche », sa personnalité nous rebutaient. Ses acolytes, comme Oufkir ou Dlimi, nous répugnaient. Fallait-il pour autant que nous quittions le pays de notre mère où nous avions toujours vécu heureux, et que nous avions servi de notre mieux ?

Pourquoi nous serions-nous méfiés ? Nous nous pensions en sûreté. Estimés de tous, du moins en apparence, nous ne nous connaissions pas d'ennemis. Nous en avions sûrement, comme tous ceux dont la prospérité s'étale au grand jour, sans honte ni mauvaise conscience. Certains diront : « Ils ont joué avec le feu. » C'est bien possible. Peut-être ne nous sommes-nous pas assez interrogé sur la vraie nature du système mis en place par Hassan II. Peut-être étions-nous, comme tant d'autres, environnés de haines, de hargnes, de désirs de revanche.

La jeunesse dorée dont nous faisions partie ne brille qu'en surface. Sa noirceur, elle la cache avec soin. C'est cette noirceur que nous n'avons pas vue. Nous nous amusions des extravagances de ces fêtards professionnels, de leur amour du luxe, de leur mauvais goût, de leur boulimie de plaisirs. Mais leur corruption nous paraissait, à tort, inoffensive.

Nous n'avons pas non plus soupçonné l'insondable cruauté de Hassan. Même s'il avait toutes les raisons d'éprouver de la reconnaissance envers notre famille, il avait également des motifs pour la vomir et souhaiter sa perte.

Les rois ne veulent rien devoir à personne. Rien n'est plus insupportable à leurs yeux qu'une dette morale. La folie de Hassan ressemble à celle de tous les despotes. Elle est faite d'orgueil, de jalousie, de rancune accumulée. Sans enthousiasme, sans l'aimer, notre famille avait contribué à le hisser sur son trône et à l'y maintenir. C'est sans doute cela, entre autres, qu'il ne nous a pas pardonné.

Un peu plus de dix ans après son intronisation, nous lui avons même sauvé la vie. Ce n'était pas Hassan II que nous cherchions à épargner, mais le pays lui-même. Qui, au cours de son existence, n'a pas commis d'erreur ?

La nôtre, nous l'avons payée.

Au prix fort.

L'indépendance proclamée, Mohammed V à peine restauré, Hassan s'agite. Deux mobiles le poussent à agir, à s'incruster partout où il le peut : l'argent et son futur pouvoir. Tel Louis XI caché derrière un rideau et jouissant de l'agonie de son père Charles VII, il étend ses réseaux, aidé par ses amis Oufkir et Ahardane.

Oufkir, qui fond en larmes chaque fois qu'il parle de ses campagnes au sein de l'armée française, n'a pas renié ses amitiés. Quant à Hassan, on ne sait trop quel jeu il joue. Nommé chef d'état-major des forces armées royales, il est soupçonné en haut lieu de collaborer avec la France, alors empêtrée dans la guerre d'Algérie. Le 22 octobre 1956, l'avion transportant les chefs du FLN, dont Ben Bella, est arraisonné par les autorités françaises. Les dirigeants algériens accusent nommément Hassan de les avoir « donnés ». Une enquête est ouverte par les services secrets marocains, donc par mon père. De là date la mise sur écoute de toutes les conversations du prince héritier, aussi bien à son bureau qu'à son domicile.

Deux équipes se relaient vingt-quatre heures sur vingt-quatre. Toutes les informations recueillies aboutissent au commandant Oufkir et à Moulay Ahmed Alaoui, chef du service de presse du palais, présent dans l'avion détourné.

Que Oufkir joue double, triple ou même quadruple jeu, personne ne s'en étonne. En 1960, directeur de la police, il donnera à l'administration coloniale française en Algérie des renseignements qui permettront l'arraisonnement des navires transportant des armes destinées au FLN et qui transitaient par le Maroc. Mohammed V refusera toujours d'admettre que les informations partaient de son pays. Mais mon père et moi savions avec certitude qu'Oufkir était en contact permanent avec un certain colonel Lenôtre, chef d'un service de parallèles en Algérie et qui, après le putsch d'Alger de 1961, trouvera refuge à Marrakech, dans une superbe propriété mise à sa disposition par les autorités marocaines. Ce colonel Lenôtre deviendra en 1962, après l'accession de Hassan II au trône, conseiller du pouvoir pour les questions policières. Il sera à l'origine de la création des brigades spéciales placées sous l'autorité d'Ahmed Dlimi, alors adjoint d'Oufkir à la direction de la police. Le colonel prendra la tête du groupe de Français formant et encadrant ces brigades spéciales, et chargés des basses œuvres, meurtres, enlèvements et tortures dont ils auront transmis les techniques et les pratiques aux Marocains. Les mercenaires de Lenôtre seront en 1965 les acteurs principaux du rapt et de l'assassinat du leader tiers-mondiste Mehdi Ben Barka. Ils agiront sous l'autorité directe de Hassan II qui, très friand « d'exotisme », conviera souvent à sa table ces truands dont le langage argotique l'a toujours beaucoup amusé.

En 1956, donc, Hassan assure ses arrières. Dès son arrivée au Maroc, il puise dans la caisse. Chef d'état-major des armées, il n'occupe ce poste qu'en fonction de sa naissance. Il dépend des ministres des Finances et de la

Défense. Il aura tôt fait de les circonvenir. Il a besoin d'argent.

L'argent. Et la noce, toujours la noce. Hassan ne s'en lassera jamais. Non qu'il aime les femmes. Il les a toujours méprisées, comme il méprise tout le monde. Mais elles meublent son ennui, alimentent sa soif de puissance.

Il aurait pu devenir un souverain glorieux, à l'image du roi d'Espagne qui rétablira la démocratie dans son pays ravagé par une abominable guerre civile et mis pendant des années au ban du monde civilisé. Il ne l'a pas voulu. Il a préféré assouvir une vengeance personnelle dont il est le seul à connaître le secret. Il a choisi de « dormir dans le crime », lui qui a dit : « Si tout ce qu'on me prête est vrai, il me serait impossible de me raser le matin devant mon miroir. »

Il se rase tous les jours, paisiblement, comme en cette fin des années cinquante où l'on commence à évoquer non seulement ses frasques mais celles de la famille royale tout entière. Dès le retour du sultan, le nom du prince héritier se trouve régulièrement cité dans des affaires de drogue, soupçons confirmés par l'installation de laboratoires de raffinage de cocaïne à Tanger et Agadir, sans compter la culture du kif et sa transformation en vue d'alimenter les marchés européen, américain et arabe.

Partout où il séjourne, il laisse derrière lui des traces troubles, nauséabondes. En 1956, après son opération des amygdales, il passe sa convalescence à Nice. C'est là qu'il fera la connaissance d'Etchika Choureau, sa grande passion. Durant cette convalescence joyeuse éclata l'affaire Montesi, du nom d'une cover-girl, Wilma Montesi, qu'on trouva un matin nue et morte sur une plage. L'enquête révéla qu'elle avait succombé à une overdose. La veille, le prince Moulay Ali, cousin de Hassan, était allé la chercher chez elle pour l'accompagner à une soirée donnée par le prince héritier.

Dix-huit ans de solitude

Les relations entre la France et le Maroc nouvellement indépendant étant au beau fixe, l'affaire n'eut pas de suites.

La drogue pimentera toujours les parties fines du prince. Elle lui sert à s'attacher celles qui partagent ses nuits, à les rendre totalement dépendantes des stupéfiants. J'en ai connu certaines, notamment Astrid, une Suédoise qui travaillait aux services culturels de l'ambassade des États-Unis à Rabat.

À elle comme aux autres, Hassan avait coutume de donner à manger un mélange d'amandes, de noix et de miel pétri avec du jus et de la poudre de kif. Au Maroc, on appelle ce mélange du « maâjoum ». Après son avènement, Hassan II fera commercialiser par Amina, épouse d'un bouffon de la Cour, ce « maâjoum » dans les Touargas, enceinte du palais de Rabat, à des prix exorbitants.

Ce mélange eut raison d'Astrid. Devenue une loque humaine, complètement détruite, elle fut rapatriée en Suède par sa famille en 1964. Elle mourut quelques mois plus tard.

Le prince fréquentait une autre Européenne, une Belge habitant Tanger qu'il avait surnommée « Suzon ». Je l'avais connue bien avant lui, comme plusieurs autres filles qui animaient ses soirées. Lorsqu'elle venait à Rabat, elle logeait d'ailleurs chez moi. Le prince héritier le lui interdit et l'installa dans une garçonnière. Elle ne pouvait pas le voir autant qu'elle l'aurait voulu à cause de la favorite : Etchika Choureau. Elle en conçut une jalousie féroce qui eut par la suite de surprenantes conséquences.

Au Maroc plus qu'ailleurs, tout s'imbrique : intrigues amoureuses, affaires louches, corruption, politique. On a parfois du mal à s'y retrouver. Depuis le 22 octobre 1956, date du détournement de l'avion des chefs du FLN algérien, les postes de téléphone de la villa et des appartements du prince héritier étaient, sur ordre de mon père, sur écoute. Pas une de ses conversations ne nous échappait. Les services mis sur pied par mon père fonctionnaient bien. En tant que secrétaire particulier, je l'avais accompagné dans tous ses déplacements à l'intérieur du pays pour installer nos réseaux d'informations. Nous avions mis en place trois cents sections d'une organisation de contre-espionnage, avec de nombreux correspondants à l'étranger.

Nous savions que nombre de Marocains haut placés, notamment les anciens « collaborateurs » sur lesquels s'appuyait Mohammed V, dont Oufkir, ne voulaient pas d'une Algérie indépendante et continuaient à servir les intérêts français au Maghreb. Nous savions aussi qu'Oufkir, aide de camp du sultan et ami du prince héritier, les trahissait l'un et l'autre, se servant de l'un pour envenimer ses relations avec l'autre et vice-versa. Tous les soirs, son service auprès de Mohammed V à peine terminé, il se rendait chez Hassan pour lui rendre compte de ce qu'il avait vu et entendu au palais. Le lendemain, après avoir reçu les confidences du prince, il racontait tout au sultan. Mohammed V savait donc tout ce que son fils faisait ou préparait. Mais Hassan, de son côté, n'ignorait rien de ce que Mohammed Ben Youssef entreprenait.

Ainsi le sultan apprit-il en 1959 la liaison tumultueuse de Hassan et Etchika Choureau que nous connaissions déjà grâce aux écoutes téléphoniques permanentes dont le prince était l'objet.

Actrice de cinéma avide de gloire, Etchika était partie quelque temps aux États-Unis. Elle comptait s'installer à Hollywood pour tenter de faire une carrière américaine. Le prince, par l'intermédiaire du capitaine Laforêt, un officier français qu'il appelait « Boby » et qui avait intégré l'armée marocaine, lui envoyait des mandats consistants.

Sa relation avec cette Française, « volcan sous un iceberg », fascinante sous ses dehors angéliques, l'avait totalement transformé. Hassan était devenu hautain, condescendant et prétentieux. Tout, chez lui, n'était plus qu'affectation et démesure. Il dépensait outrageusement, vivait dans un luxe insolent, se souciant comme d'une guigne de la pauvreté de son peuple.

Ses relations avec son père n'étaient pas bonnes. Mohammed Ben Youssef se méfiait de lui, au point d'avoir songé un instant à lui retirer son titre de prince héritier. Ma mère, sa cousine, l'en avait dissuadé. Une autre erreur : une de plus.

Ce fut Oufkir, personnage sournois et véreux, qui révéla donc au sultan l'existence de cette liaison. Pour blesser Mohammed Ben Youssef dans son honneur, il travestit la vérité. Il ne présenta pas Etchika Choureau comme une actrice. Il dit au sultan :

— Moulay Hassan entretient chez lui une « cheikha » européenne.

En marocain, le mot « cheikha » a un sens bien précis. Il signifie : putain.

Effondré et scandalisé, Mohammed Ben Youssef téléphona immédiatement à mon père. Il lui demanda de se rendre au domicile de son frère Moulay Hassan, homonyme et oncle de l'actuel roi. C'est là que nous avions coutume de le rencontrer.

Le lendemain, vers 16 heures, on nous introduisit, mon père, ma mère et moi, dans la somptueuse résidence du prince Moulay Hassan, située juste en face du palais. Le frère du sultan nous accueillit dans un grand salon coupé en deux par une cloison vitrée sans porte. L'une des parties de la pièce servait d'antichambre.

Le sultan arriva, dans sa djellaba grise. Je le saluai. Je restai dans l'antichambre tandis qu'il entraînait mes parents de l'autre côté de la cloison de verre.

Contrairement à son habitude, il avait le visage fermé et sombre. Il dit d'entrée de jeu à mon père :

— Mon fils Moulay Hassan loge chez lui une putain et tu me l'as caché ! Je ne pensais pas que tu pouvais me dissimuler quoi que ce soit !

Mon père prit un air surpris.

— Moulay Hassan une putain chez lui ? répondit-il. Si j'avais été au courant, je vous en aurais informé tout de suite...

Il ajouta :

— Donnez-moi huit jours et je vous fournirai tous les renseignements à ce sujet.

Depuis l'antichambre, derrière les deux pans de la cloison de verre non fermée, j'assistai, ahuri, à cette conversation. Je ne cessais de fixer mon père, sidéré de le voir mentir avec un tel aplomb. Il feignait admirablement la candeur alors que nous savions très bien, lui et moi, de quoi il retournait.

Le sultan s'en alla, à peine rasséréné. Après son départ, alors que nous quittions à notre tour la demeure du prince, mon père me demanda pourquoi j'avais, quelques minutes plus tôt, écarquillé les yeux d'un air benêt. Je répliquai :

— Parce que tu m'as toujours appris à dire la vérité et voilà que toi...

— Quoi ? Tu me prends pour un menteur ? Sache qu'il y a des vérités qu'il vaut mieux distiller par petites doses, avec prudence. Si je lui avais révélé que son fils logeait chez lui non pas une « cheikha » mais une comédienne, ce qui, à certains égards, est encore pire, le sultan, vu l'état de colère où il se trouvait, aurait explosé. Dans huit jours, il aura retrouvé son calme. Je pourrai lui expliquer posément la situation et arranger les choses.

Il se tut un instant. Puis, d'une voix autoritaire qui n'était plus celle d'un père à son fils mais d'un supérieur à son subordonné, il conclut :

— A partir de maintenant, je veux savoir tout ce que fait le prince héritier. J'ordonne non seulement qu'on l'écoute, comme d'habitude, mais qu'on le suive partout où il ira, minute par minute. Je veux connaître les établissements qu'il fréquente, les restaurants, tout.

— Bien, lui dis-je.

C'est ainsi que j'allais me trouver au courant de tous les faits et gestes du prince.

L'a-t-il su des années plus tard, lorsque le colonel Dlimi devint chef des services secrets ? Est-ce cela, aussi, qu'il n'a pas accepté ? A-t-il voulu faire taire à tout jamais un homme qui, selon l'expression consacrée, devait être « réduit au silence » ? Je ne le saurai jamais.

Ma jeunesse, je dois le dire, fut étrange. Secrétaire de mon père, j'en savais plus, à dix-sept ans, qu'un homme mûr. Les secrets d'État sont lourds à porter. Je dus apprendre à me taire alors que je n'ignorais rien des règlements de comptes et des exécutions sommaires qui ponctuèrent la marche du Maroc vers l'indépendance. Chaque fois qu'un collaborateur de la France, considéré comme traître à sa patrie, était officiellement condamné et exécuté, je devais ravaler, alors que mes camarades de classe vivaient dans l'insouciance, un sentiment de culpabilité pénible et lourd.

Un homme, sans s'en douter, jouissait de ses dernières

heures. Je savais qu'il devait mourir. Un meurtre allait être commis et je m'en sentais complice, même si je n'avais aucun moyen de l'empêcher. Que faire ? Croire à la culpabilité de cet individu ou lui reconnaître au contraire le droit d'avoir des opinions différentes de celles de ses compatriotes, ce qui m'aurait rangé aussitôt dans le camp des partisans d'une colonisation abhorrée et stupide ?

Je songeais à tout cela sur les bancs du collège, m'efforçant de garder une maîtrise totale de moi-même alors que je savais que tel jour, à telle heure, un être humain serait assassiné.

Avec le temps, les choses devinrent plus complexes, plus oppressantes encore. Dès vingt ans, collaborant toujours avec mon père, je vécus indirectement dans l'intimité de dirigeants aussi importants que Mohammed V, Ferhat Abbas, les rois Séoud et Fayçal d'Arabie, Bourguiba, Boumediene ou Nasser, sans compter Hassan II du Maroc. Intimité dangereuse parce que sombre, inavouable. De ces leaders je sus tout, non point ce que le public apprenait par les journaux, mais la vérité, la noirceur, les activités secrètes.

Que puis-je en dire aujourd'hui alors qu'à trente-six ans, au moment où j'avais enfin tourné la page pour entamer une nouvelle existence, je fus rattrapé par cette part d'ombre et jeté aux oubliettes sous l'œil indifférent de la France, soulagée peut-être de voir disparaître quelqu'un qui en savait trop, non seulement sur les dirigeants que je viens de citer mais sur elle, cette grande nation qui, se présentant comme la « patrie des droits de l'homme », a pourtant, comme tant d'autres puissances, des monceaux de cadavres sur la conscience ?

Tout chef d'État, quel qu'il soit, trempe ses mains dans le sang. Il faut, pour faire partie de cette caste aux yeux de qui l'humanité vraie a cessé d'exister, une prédisposition au mal, une malhonnêteté foncière. Celui qui aspire à présider, conduire et gérer les affaires d'une nation ne peut être qu'un criminel. « Un grand pays, disait de Gaulle, n'a pas d'amis. Il n'a que des intérêts. » Combien d'hommes meurent dans l'indifférence, comme moururent mes compagnons de Tazmamart, pour la défense de ces intérêts illusoires, le maintien de rapports de forces dont personne ne se doute, hormis ceux qui manipulent le destin des peuples ? Il aura fallu que ma famille subisse une épreuve sans nom et que nous vivions, mes frères et moi, dix-huit ans d'abjection pour qu'enfin je le sache.

Quoi qu'il en soit, dès 1956, j'exécutai les ordres de mon père. Dès lors, pas un geste du prince héritier n'échappa aux services de renseignements. Il fut écouté sans cesse. Cette écoute se prolongea jusqu'à l'indépendance de l'Algérie, en 1962.

La rumeur publique prétendait alors que Hassan avait eu un enfant avec Etchika Choureau. En fait, pour la consoler d'une progéniture impossible (s'attendant à régner un jour, Hassan ne voulait pas d'un héritier du trône alaouite issu d'une mère française), le prince offrit à Etchika un petit esclave noir qu'elle appela Billy. C'était ce garçon que les gens prenaient pour le fils du couple.

Tout cela, bien sûr, le sultan l'ignorait. Huit jours après son entrevue avec lui, mon père le rencontra de nouveau pour le mettre au courant des résultats de l'« enquête ». Il lui confirma, en présence de ma mère, que Hassan logeait bien chez lui une actrice de cinéma et non une prostituée.

Mohammed V, ce jour-là, était de bonne humeur. Mon père en profita. Il fit devant lui une véritable plaidoirie, le conjurant d'absoudre Moulay Hassan. Ma mère appuya sa démarche. Le sultan envisageait toujours de retirer à son fils aîné le titre de prince héritier en faveur de son second fils le prince Abdallah. Or, Moulay Hassan avait été intronisé prince héritier par un « dahir », un décret de Mohammed V lui-même, à la demande de tous les partis politiques, ce qui était une entorse à trois siècles de tradition alaouite.

— Vous savez, lui dit ma mère, que la tradition veut qu'à la mort du sultan, ce soit le conseil religieux qui décide d'accepter ou de refuser le prince héritier. Vous ne pouvez pas, aujourd'hui, bafouer cette coutume. Cela risquerait de vous discréditer aux yeux de la population.

Le sultan lui répliqua :

— Le prince héritier est trop vaniteux. Il se prend pour Napoléon.

Mais l'affaire en resta là.

Quelques jours plus tard, Mohammed Ben Youssef me demanda si je connaissais Etchika Chaureau. Il voulait voir à quoi elle ressemblait.

— Projette-t-on, à Rabat, des films dans lesquels elle joue ?

Je lui appris qu'il y en aurait un prochainement. Il s'agissait de *Toute la ville en parle*, avec Jean Marais. Le film devait être projeté dans une salle de cinéma exploitée par des prêtres, ce qui ne manquait pas de sel. D'autant que parmi tous les renseignements que nous avions glanés sur Etchika Chaureau, les plus fiables nous avaient été fournis par l'Église catholique, dont les représentants la qualifiaient de « bonne fille ». Mon père entretenait d'étroites relations avec l'archevêque de Rabat qui avait eu maille à partir, au cours de la période agitée des années 1953 à 1955, avec la « Main rouge ». Cette organisation luttait contre la résistance marocaine. Responsable de l'assassinat de Lemaigre-

Dubreuil, un des avocats des résistants, elle avait perpétré plusieurs attentats à la bombe, dont un contre l'archevêché.

Le sultan était impatient de voir la tête de la femme qu'aimait son fils. Je le prévins de la date de sortie du film. Il me fixa rendez-vous au garage royal où il arriva, après avoir déjoué la vigilance des services de sécurité, au volant d'une Volkswagen.

— Sais-tu conduire, Ali ?

Je n'avais pas mon permis. Mais sans hésiter, je répondis :

— Bien entendu.

Il me donna le volant. En chemin, il enleva sa djellaba et son tarbouch. Il était vêtu, en dessous, d'un costume européen destiné à protéger son anonymat.

Arrivés au cinéma, nous achetâmes nos billets, comme tout le monde. Personne ne reconnut le sultan, qui se laissa complètement aller. Pendant toute la durée du film, il ne cessa de faire des commentaires et de rire. Et il écarquillait les yeux chaque fois qu'Etchika Choureau apparaissait sur l'écran.

En sortant, ravi, il me dit :

— Elle a une binette de chatte.

Dès lors, il laissa son fils mener sa vie privée à sa guise. Il faut dire qu'il avait d'autres soucis. 1959, année terrible. Le Rif s'est rebellé. Ce soulèvement populaire sera réprimé dans le sang par les forces armées royales, composées pour la plus grande part d'anciens officiers de l'armée française et de goumiers ayant combattu lors des guerres coloniales. Le prince héritier, en compagnie de son fidèle Oufkir, participe en personne au carnage. Une partie de la population du Rif est exterminée. Les bombes larguées par des avions de construction française tuent huit mille personnes, en mutilent des milliers d'autres. Les femmes sont violées, on égorge les enfants. On relâche des prisonniers après avoir glissé des grenades dégoupillées dans le capuchon de leur djellaba ; l'explosion les déchiquette sous les yeux de leurs camarades. À chaque mort, Oufkir rit. Et le prince héritier se promène au milieu des cadavres.

Cette cruauté, cet amour du sang vont pour moi de pair avec sa débauche. Car il continue de plus belle. Je le sais par Suzon, qui continue à me voir, en dépit de son interdiction. Je ne cesse d'ailleurs de dire à la jeune femme qu'elle perd son temps avec Hassan, qu'elle n'est pas de taille à rivaliser avec Etchika Choureau. Mais Suzon s'obstine, sûre de « tenir » le prince. Un jour, en me montrant des photographies, elle me lance rageusement :

— Avec ça, il viendra me manger dans la main quand je le voudrai.

Je jette un œil sur les photographies. Ce sont des photos pornographiques. Les personnages représentés sont masqués. Mais on discerne distinctement plusieurs visages. On reconnaît aussi le sourire carnassier du prince héritier.

Je ne sais si Hassan vint manger dans la main de Suzon. Mais j'appris par la suite, en 1974, alors que j'étais en prison, que la jeune femme avait également eu des relations avec Oufkir à qui elle avait montré les photos. Il s'en servit pour convaincre certains officiers de la nature dépravée du roi et de la nécessité de le renverser sans tarder. Il avait en sa possession d'autres documents du même genre. Je sus aussi par l'adjudant-chef Akka, condamné dans l'affaire de Skirat, qu'Oufkir, une semaine avant l'attaque du palais, alla en compagnie de Dlimi rendre visite au colonel Ababou, « l'homme de Skirat », dans sa villa de Cabo Negro, au nord du pays. Oufkir présenta au colonel une série de photos pornographiques. Certaines montraient le roi en short de plage, au bord d'une piscine, entouré de femmes aux seins nus vêtues simplement de slips en or tressé, œuvre des joailliers Chaumet. Il en avait offert un à chacune de ses quatre-vingts concubines.

Les participants à cette petite sauterie assistaient à une séance de copulation entre une femme noire et un berger allemand, et entre une femme blanche et un chimpanzé. Tous riaient de l'air apeuré et épouvanté des deux filles.

Étalant les photos sous les yeux effarés du colonel Ababou, Oufkir éclata en sanglots et lui dit :

— Voilà l'homme que le général Medbouh veut ménager ! Ce bâtard ne mérite que la mort. Même ma femme, il me l'a prise !

Il s'agissait de sa seconde femme. Il avait répudié sa première épouse en 1964, à cause de sa liaison avec le lieutenant Hassanito que les policiers parallèles kidnappèrent, torturèrent, violèrent et ne libérèrent que sur l'intervention énergique du général Driss, major général de l'armée.

Le colonel Ababou regarda longuement les photos. Tout d'un coup, il se leva et se mit à arpenter la pièce en jurant de tuer Hassan de sa main.

Une semaine plus tard, c'était le coup raté de Skirat.

III

LE COMPLOT

1960 : mon père quitte ses fonctions au sein des services secrets marocains. Je suis son exemple. Un an plus tard, en mars 1961, Mohammed V meurt. Officiellement, les complications liées à une opération de la cloison nasale lui ont été fatales. Son cœur aurait lâché. La vérité, que je connais car après avoir écouté pendant des années les conversations téléphoniques de Hassan j'ai gardé des contacts avec mes anciens collaborateurs, est tout autre. Le sultan était très malade. Un chirurgien français a même refusé de l'opérer, affirmant : « Cela ne servirait à rien. » Le prince héritier a alors fait appel à un praticien suisse. Il lui a dit :

— Avancez l'opération, il souffre trop.

L'intervention terminée, le chirurgien a téléphoné à sa compagne, à qui il a confié :

— Lorsque j'ai ouvert, c'était trop tard.

Hassan monte donc sur le trône. Ce trône, il le doit en grande partie à sa mère, qui n'a cessé de plaider sa cause auprès de Mohammed V. Peut-être lui doit-il même la vie. Chez les Alaouites, on a souvent vu, au cours de l'Histoire, un héritier non désiré tomber brutalement malade et en mourir... Et si Hassan était mort, d'une manière ou d'une autre, son frère, tout naturellement, serait devenu roi à sa place.

Cette dette qu'il a envers ma mère et l'ensemble de la famille Bourequat, Hassan II l'oubliera vite.

Pour l'heure, il commence à régner. Ses méthodes secrètes de gouvernement, personne ne les soupçonne encore, sauf, si j'en crois certaines confidences que j'ai prises, sur le moment, pour des boutades, son entourage immédiat, comme sa sœur cadette la princesse Nezha. Celle-ci, dix ans plus tard, me présentera Etchika Choureau qui, contre toute attente, deviendra mon amie et dont la voix m'était depuis longtemps familière (on éprouve une impression étrange lorsqu'on rencontre une personne que l'on connaît très bien sans jamais l'avoir côtoyée). Or la princesse Nezha me jeta un jour à la tête une réplique que j'ai eu, tout au long de mes années de détention, l'occasion de méditer...

Nezha avait été mariée de force. Elle se consola en s'affichant avec ses amants. L'un d'eux, ancien joueur de tennis, était particulièrement voyant. La princesse réservait pour eux deux, à son propre nom, des chambres dans des hôtels de luxe et se montrait avec lui dans les grands restaurants de la ville. Hassan II en prit ombrage. Je tentai de sermonner affectueusement mon amie, lui conseillant de faire preuve d'une certaine discrétion. Elle haussa les épaules et répondit :

— Je me contente de coucher avec Jacques. Je ne vois pas où est le mal. Moi, je ne tue personne.

En 1963, mon père succombe à une crise cardiaque. Soudée depuis toujours, la famille Bourequat resserre encore ses liens. Midhat, Bayazid et moi nous sommes lancés dans les affaires. Bayazid s'est installé le premier, se spécialisant immédiatement dans le commerce extérieur et l'import-export. Midhat, recruté en 1951 par les services techniques des Postes et Télécommunications au Maroc a été, en juin 1957, muté à Paris, rue des Archives, où il a travaillé cinq ans. En 1962, il décide de regagner le pays, d'abord parce que mon père est très malade, ensuite parce que Bayazid, dont les affaires prospèrent, lui a demandé de se joindre à lui. Dès son retour, il s'associe avec mon frère qui réalise déjà des profits importants dans l'importation de pneumatiques, de produits électroménagers, de véhicules lourds et légers, de céréales, de matériaux de construction, de pétrole, de beaucoup d'autres choses encore.

Je n'ai pas tardé à les rejoindre. Dès lors, on nous trouve pour ainsi dire partout, dans le textile, le génie civil, les travaux publics, la promotion immobilière, les opérations financières. Notre succès ne passe pas inaperçu. D'autant que nous avons une conception moderne de notre activité. Bien sûr, cela ne nous attire pas que des amitiés. L'hostilité, la jalousie, l'envie : tel est le lot de ceux dont on prend la compétence pour de la chance et qui, surtout, savent s'adapter.

C'est ce que nous faisons, mes frères et moi. Au Maroc, il est impossible de ne gérer qu'une seule affaire. Tout change sans cesse et il faut se plier aux différentes politiques de contingentement des importations décidées par le gouvernement. Par exemple, nous avons commencé à investir dans l'industrie lorsque le gouvernement a implanté dans le pays une chaîne de montage automobile, qui réduisait de façon sensible les quotas d'importation d'automobiles venues de l'étranger.

Bien sûr, nous ne sommes pas seuls sur le marché. Nous nous heurtons à des concurrents de taille, dont Hassan II lui-même n'est pas le moindre. Le monde des affaires, au Maroc, est un monde de clans et de bandes rivales. Chaque

Dix-huit ans de solitude

homme détenant une parcelle de pouvoir se constitue une bande qui agit en son nom. Hassan II avait la sienne, Dlimi et Oufkir avaient également la leur. A cette époque comme aujourd'hui, car le système n'a pas changé, les amitiés au plus haut niveau de la hiérarchie de l'État jouaient un rôle capital. Nous avions des relations avec nombre de gens en vue, en particulier les membres de la famille royale. Bien que français, nous n'étions pas considérés par les Marocains comme des étrangers. Nous jouissions d'une excellente réputation. Notre père Abderrahmane Bourequat, homme intègre, entouré – aussi bien de son vivant qu'après sa mort – de respect et d'une considération sans faille, avait laissé de notre famille une image des plus honorables, aussi bien chez les petites gens que parmi les notables et les hommes les plus influents du pays. En plus, la plupart des hauts fonctionnaires marocains étaient des amis d'enfance ou de jeunesse, ayant fréquenté les mêmes écoles que nous.

Bien entendu, cela nous aidait dans nos diverses transactions. Le plus souvent, nous agissions de concert, à trois, Midhat Bayazid et moi. Il nous arrivait aussi de traiter certaines affaires dites « de passage », selon l'opportunité, chacun pour son propre compte ou alors associés deux à deux. On pouvait tantôt retrouver Midhat et Bayazid sur une opération, tantôt l'un ou l'autre associé avec moi sur une autre. Chacun pouvait aussi travailler avec des personnes étrangères à la famille. Bayazid, par exemple, était associé avec Abdelhafid el-Kadiri, à l'époque membre du comité exécutif du parti de l'Istiqlal, ancien ministre et ambassadeur. Leur collaboration concernait surtout le commerce des céréales. Bayazid s'était également associé avec Hassan el-Yacoubi, mari de la princesse Aïcha, donc beau-frère du roi et membre comme mon frère d'un groupe très puissant dans le pays : l'Auto-hall. Ils commercialisaient les automobiles de marque « Austin » assemblées au Maroc. Midhat et moi agissions de même, montant des opérations avec diverses personnalités marocaines. A la veille de notre enlèvement et de notre enterrement sans jugement dans les tombeaux sordides de Tazmamart, nous étions sur le point de réaliser avec un groupe de Koweïtiens et d'Italiens un projet immobilier qui devait rapporter dix milliards de centimes de l'époque. C'est dire les intérêts en jeu.

Je vivais à la fois à Rabat et à Paris, ville de mon cœur, que mon père m'avait appris à aimer. Je faisais sans cesse le va-et-vient et je sillonnais le Maroc de long en large. Ce fut au cours d'un de ces déplacements à l'intérieur du pays que je découvris, en 1968, un gisement de marbre fossilisé que je cherchai à exploiter.

N'obtenant pas les autorisations nécessaires, je fus tenté de quitter le Maroc pour m'installer définitivement en France. J'en fis part à la princesse Nezha, qui proposa alors de m'aider dans cette affaire. Entre-temps, des Français de France, dont Cluzot, entraîneur de l'équipe de football des forces armées royales, créèrent une société qui demanda l'autorisation d'exploiter ce même gisement de marbre. Personnage très en vue, ami personnel du roi, Cluzot eut la maladresse de prétendre, lors d'une intervention auprès du ministre des Travaux publics avec lequel j'étais de mon côté en contact, agir au nom de Hassan II. Il fut éconduit par le secrétaire général du ministère.

Il s'allia alors avec Dlimi : le colonel était le seul à pouvoir contrer l'influence de la sœur du roi. Aidés par l'actuel ministre de l'Intérieur Driss Basri, à l'époque directeur des Affaires générales de ce même ministère, les deux compères eurent l'idée de faire déclencher une enquête sur le statut des terrains où se situait le gisement. Depuis sa découverte, le temps avait passé. Nous étions en 1972.

L'enquête et la rédaction du rapport furent confiées au gouverneur de la région du gisement. Sans doute « orienté » dans ses investigations, celui-ci demanda le rattachement des terrains aux collectivités locales, qui dépendaient du ministère de l'Intérieur. Il s'agissait d'une aberration. Vastes espaces rocailleux, ces terrains relevaient indéniablement du domaine public, c'est-à-dire du ministère des Travaux publics.

Les conclusions de l'enquête avantageaient Dlimi et ses sbires, en cheville avec le ministère de l'Intérieur. Ils semblaient bien placés pour rafler la mise.

Je prévins la princesse Nezha. Elle appela le ministre de l'Intérieur et le gouverneur de la région. J'obtins, grâce à son intervention, l'autorisation verbale d'exploiter le gisement. Je m'installai et commençai à travailler.

Le 16 août eut lieu le fameux attentat du Boeing, manigancé par Oufkir. Dlimi, bien sûr, en était. Du moins le croyait-il. Oufkir et lui avaient mis au point un plan très simple. Le Boeing royal, de retour en France, devait être intercepté par des chasseurs qui l'obligeraient à se poser. Ensuite, on aurait arrêté le roi. On l'aurait forcé à abdiquer en faveur de son fils. Oufkir et Dlimi auraient dès lors joui du pouvoir absolu.

Oufkir, en fait, voulait le pouvoir pour lui seul. Garant de la réussite du coup, Dlimi prit place dans l'avion. Oufkir, en ordonnant aux chasseurs d'ouvrir le feu et d'abattre l'appareil, comptait ainsi faire d'une pierre deux coups. Le roi et Dlimi morts, il aurait installé le jeune prince héritier sur le trône et serait devenu régent du royaume.

Le complot

On sait comment le coup échoua grâce à la présence d'esprit du pilote. Confondu, Oufkir fut exécuté. Selon la version officielle, il se suicida en présence de Dlimi lui-même et du général Moulay Hafid, ministre de la Maison royale.

Dlimi l'avait échappé belle. Mais il tenait sa revanche. Il se retrouvait, sous la férule de son royal maître qu'il haïssait, l'homme fort du Maroc. Personnage intouchable, il ne me lâcha plus. Il fit croire au roi que j'étais en train de piller le patrimoine national, que j'entraînais sa sœur la princesse Nezha dans des trafics d'influence. Pour pimenter le tout, il ajouta dans son rapport que j'étais intime avec l'amant français de la princesse.

Hassan II me convoqua. Je me rendis au palais. Je fus reçu par le ministre de la Maison royale, Moulay Hafid. Celui-ci m'« invita » à passer vingt-quatre heures dans sa villa en présence du chef du secrétariat particulier du roi et d'un membre de la famille royale chargé du protocole. Nous eûmes tout le temps de nous expliquer sans détour. Je leur retraçai l'affaire du gisement et démentis les allégations du rapport signé par Dlimi.

Le fait d'être ainsi « gardé » une journée entière et la tournure que prit ensuite la conversation me parurent singuliers. On m'accusa d'être allé avec ma mère en Tunisie pour fomenter je ne sais quel complot avec le président Bourguiba, d'avoir aussi rendu visite en Arabie Saoudite au roi Fayçal.

Or, quoique d'origine tunisienne, je n'ai jamais mis les pieds en Tunisie. Mais le président Bourguiba m'accorda une audience au palais d'Orsay à Paris, le 6 juillet 1972, à la fin de sa visite officielle en France. Quant au roi Fayçal, je le connaissais bien. Ami de la famille Bourequat, il avait toujours accueilli ma mère, qui avait fait sept fois le pèlerinage à

La Mecque, avec de grands égards. Il lui ouvrait même la Kaaba, privilège rare. Je l'avais rencontré plusieurs fois, notamment depuis mars 1963, date à laquelle je lui avais remis en main propre une lettre de mon père relative à la réunion du Comité islamique qui devait se tenir en Algérie au mois d'août de la même année.

Je fus aussi témoin du coup de force par lequel il déposa son frère Séoud. Il m'accorda en outre un long entretien à Djeddah, en présence du cheikh M'hamed Srour Sabbane, président du comité religieux du roi et ministre des Finances. Il me demanda nombre de renseignements sur la prostitution et la consommation de drogue au Maroc, me questionna sur la psychologie de l'homme français installé en pays étranger. À la suite de cette entrevue, il donna des consignes confidentielles à son gouvernement en vue de favoriser les entreprises françaises dans les appels d'offre, à des tarifs dépassant jusqu'à 10 % les prix proposés par leurs concurrents.

Enfin, en 1969, je lui demandai la permission de reproduire sur une médaille la mosquée Al Aqsa. Il me répondit :

— Vous êtes musulman et descendant direct du Prophète. Vous n'avez besoin de l'autorisation de personne.

Quel rapport tout cela pouvait-il avoir avec le gisement de marbre que convoitait Dlimi et dont il devait me reparler avec hargne au PF3, le 28 juillet 1973, vingt jours après mon enlèvement ?

Je n'en sais toujours rien. Je sais simplement que le roi Hassan II finit par ordonner l'arrêt de l'exploitation du gisement. Il la confia à son féal. Dlimi obtenait ainsi ce qu'il voulait.

Pourtant, je n'en avais pas encore fini avec lui.

Le complot

Début 1973. Mon frère Midhat se rend à Paris. Il est accompagné dans ce voyage par Oulladi, député de Rabat, haut fonctionnaire des Finances qui fait, à cette époque, partie de notre cercle d'amis. Nous savons qu'Oulladi a été en son temps très lié avec Oufkir. Mais ce qu'il révèle à Midhat lors d'un dîner dans la capitale française est impressionnant.

Depuis la disparition d'Oufkir, Oulladi est devenu l'homme de Dlimi. Il lui sert de correspondant, l'informe de tous les mouvements de fonds et de toutes les opérations financières du roi. Sur ordre du colonel, il se rend en Arabie Saoudite chaque fois que la famille royale, flanquée du harem du souverain, part en avion spécial pour La Mecque, c'est-à-dire trois ou quatre fois par an, effectuer la « Omra » (petit pèlerinage) ou le « Hadj » (grand pèlerinage). Oulladi dispose de fonds illimités pour soudoyer des membres du personnel de l'ambassade du Maroc à Dejddah et des commerçants marocains installés à La Mecque ou à Médine. Ainsi, même les achats les plus anodins de la famille royale sont répertoriés et rapportés par Oulladi à Dlimi.

Devant mon frère, Oulladi s'attarde, se livre. Il propose enfin à Midhat de recruter du personnel pour Dlimi et lui, de contacter notamment une de nos amies parisiennes.

Midhat refuse net. Il laisse Oulladi à Paris et rentre au Maroc où il reprend normalement ses activités, oubliant cette proposition pour le moins incongrue.

Il n'y repensera plus jusqu'au début du mois d'avril 1973 lorsqu'un ancien ministre, membre du « groupe des Zemmours » — célèbre tribu berbère —, et dont le frère général commande l'infanterie, donc le tiers de l'armée marocaine, l'invite à déjeuner dans une petite ferme isolée et lui dit :

— Dlimi prépare un coup d'État. Il faut en informer le

roi. Nous ne l'aimons pas. D'ailleurs, qui aime Hassan ? Mais notre groupe a mûrement réfléchi aux conséquences qu'aurait ce coup d'État. Nous avons décidé de n'apporter aucune aide à Dlimi et aux militaires qui l'entourent. Non seulement nous ne pouvons pas rééditer l'échec du bain de sang de Skirat et de l'attentat du Boeing, mais nous refusons de permettre à un criminel comme Dlimi de prendre le pouvoir. Cela n'apporterait aucune solution au problème de régime qui se pose. Nous avons donc décidé de prévenir le roi. Il pourrait, s'il le souhaite, assister secrètement à une de nos réunions que Dlimi préside.

Midhat écoute, demande un temps de réflexion. Puis il reprend contact avec Oulladi.

Depuis le ministère des Finances, Oulladi a installé ses agents partout et dans tous les milieux. Il sait tout ce qui se passe à Rabat ; rien de ce qui se fait dans la haute administration ne lui échappe. Lorsque Midhat lui rend visite, il croise dans son bureau une foule d'individus, surtout de petites gens, grassement payés pour quadriller les quartiers populaires et y détruire l'image du roi, responsable de l'état de délabrement dans lequel vit son peuple, en racontant la vérité sur lui.

A l'issue de cette entrevue, Midhat est convaincu de la réalité et des dangers du complot. L'idée de sauver le roi ne lui plaît pas. Il n'est pas monarchiste, il ne l'a jamais été. Il a même milité, lors de sa période « française », à la CGT. A ses yeux, seul Ben Barka pouvait constituer une alternative crédible et intègre à la monarchie marocaine. Or, Ben Barka est mort. Pourtant, en dépit de sa répugnance, préférant la peste au choléra et un souverain ouvertement corrompu (il ne soupçonne pas, lui non plus, les agissements secrets d'Hassan) à un criminel avéré qui ferait du Maroc une dictature militaire, il décide de m'en parler.

Deuxième rencontre avec l'ancien ministre, qui nous refait part de ses craintes. Il y a toutes les chances pour que Dlimi et ses amis bénéficient de complicités à l'intérieur même du palais. Certaines concubines entretiennent au nez et à la barbe de Hassan d'étroites relations avec des militaires. Il exclut donc toute tentative de passer par l'entourage du roi.

— Vous seuls, nous dit-il, pouvez remplir cette mission.

Je réfléchis à la meilleure façon de contacter le roi. Je ne vois que deux intermédiaires possibles : mes amis Etchika Choureau et Philippe Rheims, confidents les plus proches et les plus intimes de Hassan II.

Je leur révèle donc l'existence du complot. J'attire leur attention sur les risques d'une rencontre avec Hassan. Il n'est pas question pour moi de lui parler dans un endroit où il pourrait être écouté. Je ne tiens pas à ce qu'on m'égorge.

— Le roi, dis-je, est espionné à l'intérieur même de son palais et jusque dans son harem. Il faut absolument que l'entrevue ait lieu à l'extérieur. Je ne lui dirai rien s'il est accompagné ou s'il me reçoit dans un bureau. Les murs ont des oreilles. J'insiste là-dessus. Les conjurés sont décidés à ce que le complot réussisse. Ils tueront Hassan à bout portant ou lui trancheront la gorge dans son lit.

Philippe Rheims acquiesce. Lors d'une partie de golf à laquelle le roi les a conviés, il guette le moment où ce dernier se trouvera seul. Etchika étant la seule femme présente, ce sera en effet Philippe qui s'adressera à lui. Si Etchika quittait, même une minute, le groupe d'invités, tout le monde le remarquerait.

Profitant donc d'un instant d'isolement de Hassan II, Philippe s'approche et lui dévoile rapidement l'affaire.

— Dlimi, lui dit-il, projette de vous assassiner.
— Par qui le sais-tu ?
— Ali Bourequat. Il veut vous voir.
— Quel type de voiture a-t-il ?
— Une automobile anglaise, une MG sport coupé.

Le roi réfléchit avant de secouer la tête. Une rencontre en voiture ne semble pas lui convenir.

— Donne-moi plutôt son numéro de téléphone.

Les deux hommes rejoignent les autres, reprennent la partie. Rahal, le majordome du roi, m'appelle et m'annonce qu'il passera bientôt me prendre chez moi. Le roi, me dit-il, est impatient de me voir. J'informe ma mère qui, depuis la mort de mon père, vit avec mes frères et moi à « La Roseraie », de cette rencontre précipitée. Elle me confie un exemplaire du Coran qu'elle a ramené de Médine lors de son dernier pèlerinage. Quant à moi, je fourre dans ma poche une boîte contenant une des médailles que j'ai fait frapper en 1970 chez le joaillier Boucheron pour rendre hommage à la politique hydraulique de Hassan II. On devait théoriquement irriguer un million d'hectares de terres. Je croyais naïvement que le roi œuvrait pour le bien de son peuple et non pour son propre compte.

Rahal sonne au portail. Je monte dans sa voiture, qui prend la direction du palais. Nous sommes le 30 avril 1973, il est 19 heures. Rahal m'introduit dans le patio de la clinique privée du palais.

Le palais est un ensemble gigantesque où vivent des centaines de personnes : famille royale, femmes, concubines, serviteurs, gardes, proches du roi... Mais là, sous les arcades à la marocaine, le silence règne. On n'entend que le petit bruit de pluie de la fontaine. Le roi est là, devant moi, dans le jour déclinant, près du mur d'enceinte de la cour du patio, vêtu d'une chemise à col ouvert, d'une veste bordeaux à rayures, d'un pantalon noir et de mocassins. Les effluves de son eau de toilette parviennent jusqu'à moi.

Après les salutations d'usage, je lui tends le Coran offert par ma mère. Il me remercie. J'en viens alors au fait. Sans élever la voix, je lui parle du complot. Il me dit :

— Dlimi et les militaires veulent donc me renverser ?

— Ils vont vous tuer, et cette fois pour de bon.

Il vacille, s'appuie contre le mur.

— Comment sais-tu tout cela ? me demande-t-il.

Je ne l'ai jamais trouvé sympathique. Mais son hébétude m'impressionne. Je lui révèle le nom de mon informateur. J'ajoute :

— Dès que j'aurai d'autres éléments, je ne manquerai pas de vous les transmettre.

— D'accord.

Il me scrute. Puis :

— Es-tu convaincu que Dlimi ferait une chose pareille ?

La tournure de cette question éveille en moi une certaine suspicion. Pourquoi serais-je « convaincu » de quoi que ce soit ? Croit-il que j'agis par vengeance personnelle, pense-t-il que je lui livre de fausses informations pour perdre le colonel, me venger de lui à cause de l'affaire du gisement de marbre qu'il connaît dans les moindres détails ? Je réplique calmement :

— Je vous révèle ce que je sais. Mon jugement importe peu.

Le roi appelle Rahal, lui ordonne de me communiquer son numéro de téléphone et lui déclare de façon abrupte :

— Dès qu'il t'appelle, tu me préviens.

Le ton de sa voix me fige. Une peur rétrospective me noue la gorge. L'homme aux traits de noceur qui se trouve en face de moi vient de lever un coin de voile sur sa véritable nature. Je me suis fort heureusement abstenu de lui donner les détails sur toutes les personnes impliquées dans le coup et les relations de certaines de ses concubines avec l'armée. Si j'avais commis cette imprudence, j'aurais immédiatement été liquidé.

L'entretien prend fin. Je remets à Hassan la boîte que j'extirpe de ma poche.

— Voici une médaille que j'ai fait frapper spécialement pour vous. J'en ai confié une en or à Majid Benjeloun, de votre cabinet, il y a quelques mois. Il affirme l'avoir perdue lors d'un déménagement.

Majid Benjeloun est aujourd'hui ministre de l'Information. J'appris par la suite que le roi lui réclama la médaille égarée. Benjeloun, par miracle, la retrouva très vite.

Sèchement, comme toujours Hassan se détourne. Rahal me raccompagne, me donne le numéro de téléphone.

Les semaines passent. A la mi-juin me parviennent de nouveaux éléments sur le complot qui se prépare. Le roi se trouve alors au palais de Skirat, sa résidence d'été où il a bien failli deux ans plus tôt, selon la formule d'Oufkir, être « descendu comme un lapin ». J'appelle Rahal qui, comme convenu, le prévient. Réponse très sèche du souverain. Il exige des informations précises. Avec l'aide de Midhat, je rédige alors quatre feuillets soigneusement édulcorés. Je donne certains détails, j'en « oublie » d'autres. Parmi ceux que je lui livre, il y en a un particulièrement intéressant. Il émane d'un vieil ami de Hassan, M. Jean-Jacques, fonctionnaire français de l'UNESCO à Rabat. Lors d'un voyage à Rome, celui-ci a rencontré la veuve d'un Italien, Mme Grazelli, qui lui a dit avoir une lettre importante à remettre au roi. Jean-Jacques s'est rendu au Palais pour demander audience. Mais les services de sécurité, qui ont noté toutes ses coordonnées, n'ont pas jugé utile de donner suite. Voilà pourquoi il m'a transmis l'information, à charge pour moi de la communiquer à Hassan II.

Cette bonne Mme Grazelli est une vieille connaissance. Il existait même sur elle, dans les archives de Mohammed V, une fiche confidentielle la concernant. Au cours des années cinquante, Mme Grazelli vivait à Rabat, où elle occupait deux villas dans deux quartiers différents. Nous savions qu'elle était une antenne des services français. Dans une de ses résidences se réunissaient un groupe d'officiers composé notamment des commandants Oufkir, Medbouh, Gharbaoui, Mimoun et Ahardane. A l'instar des officiers égyptiens qui renversèrent le roi Farouk, ils s'intitulaient pompeusement « officiers libres ». Ils avaient même demandé à l'organisation des officiers libres du Caire et de Damas leur affiliation au mouvement, ce qui leur fut refusé sans ménagements. Il est amusant de savoir que le plus « fidèle » serviteur de Mohammed V puis de son successeur, ce « féal » de la monarchie alaouite, projettait de la renverser bien avant l'intronisation de son compère Hassan.

Cette information avait été transmise à Mohammed V dans un rapport codé, manuscrit et rédigé en arabe, que je lui avais remis en main propre au palais « Dar es-Salam » en 1959.

Ces officiers en mal de trahison avaient déjà, en 1955, été condamnés à mort par le haut commandement de la résistance et de l'armée de libération marocaine pour leur collaboration active avec les autorités françaises à l'époque du protectorat. Ils n'avaient dû leur salut qu'à l'arrivée d'Edgar Faure à Matignon, le retour d'exil du sultan et sa restauration. Mon père, je l'ai déjà dit, était intervenu auprès du haut commandement de la résistance au Caire pour faire annuler l'ordre de leur exécution afin que, la sérénité officiellement revenue, le retour de Mohammed V au Maroc puisse se faire dans de bonnes conditions après des négociations paisibles avec la France.

Démasqués de nouveau en 1959, ils auraient dû, cette fois, y rester. Mais, au Maroc, rien ne se passe comme ailleurs. Lorsque ses ennemis sont puissants, corrompus et surtout lorsqu'ils ont, comme Oufkir et ses amis, la trahison dans le sang (après tout, s'ils ont trahi dans un sens, ils pourront très bien trahir dans l'autre, et piétiner leurs anciens amis), le pouvoir les convoque, leur met sous le nez les preuves de leur félonie, leur offre grades, postes, avantages, prébendes et leur fait prêter serment. « Tenus », ligotés mais comblés, les traîtres, même s'ils continuent à comploter par-ci par-là, jouent le jeu.

C'est ce qui se passa pour les soi-disant « officiers libres », chouchoutés par Mme Grazelli qui les recevait dans une de ses villas. Dans l'autre, elle rencontrait des gens d'un autre bord, notamment des agents américains.

Nous la pensions rangée des voitures depuis longtemps. Et voilà qu'elle resurgissait à Rome en 1973, avec, écrite ou non de sa main, une lettre mystérieuse.

Hassan II ne me fit plus signe. Intrigué par ce silence, je rendis visite à Jean-Jacques. Il m'apprit que le roi l'avait convoqué et lui avait demandé d'aller à Rome chercher la lettre. Jean-Jacques s'était exécuté. Le roi avait donc cette missive en sa possession.

*
**

Le complot

Je devais apercevoir Hassan II une dernière fois : le 8 juillet 1973, à l'issue de mon enlèvement, lorsque après avoir été flagellé et insulté, j'aperçus en baissant les yeux sous mon bandeau ses babouches de chevreau, tout en entendant ses petits coups secs frappés sur la table et en respirant son eau de toilette de Guerlain dont le nom (« Le Coq »), en d'autres circonstances, m'aurait fait sourire, mais qui, au moment où je la reconnus, me glaça jusqu'aux os.

Telle est la série d'événements que je tourne et retourne dans ma tête, la décortiquant inlassablement tout au long de mes premiers mois de détention au PF3, seul dans ma cellule.

Obsessionnelles, les mêmes interrogations reviennent sans cesse.

Le roi a-t-il « retourné » Dlimi ainsi que l'avait fait son père Mohammed V en 1959 pour les pseudo-officiers libres dirigés par Oufkir ? Se sont-ils mis d'accord tous les deux, comme des truands harassés se donnant l'accolade après une interminable guerre des gangs, pour éliminer les témoins de la trahison, dont et surtout les frères Bourequat ?

Chef des services secrets marocains, Dlimi est-il un obligé ou un ennemi des services français ? Si Mme Grazelli fait toujours office d'« honorable correspondante », quel rôle le SDECE a-t-il joué dans cette affaire ? Que contenait la lettre de cette charmante veuve fixée à Rome ? Quel était le but véritable du complot ? Confondre Dlimi pour que le roi le liquide ? Se débarrasser au contraire de Hassan II, pourtant allié fidèle et corrompu de la France, pour installer à sa place une dictature militaire régentée par Dlimi ? Pousser les deux hommes à s'entre-tuer pour définitivement faire place nette ?

S'agit-il d'un vrai complot ou d'un faux coup d'État monté de toutes pièces ?

Pourquoi m'a-t-on demandé, lors de mes interrogatoires, et avec quelle « insistance », si Philippe Rheims était un agent français ? Et Etchika Choureau ? Pourquoi m'a-t-on posé toutes ces questions à son sujet ? Quel a été l'impact de ce qu'elle a rapporté au roi à propos des rumeurs circulant dans l'entourage du président Pompidou sur l'activité de Hassan II en tant que « caïd » de la drogue ? Quelle est la fonction d'Etchika dans la toile d'araignée tissée par son ancien amant ?

Je tente, jour après jour, de démêler les fils de cette histoire. En vain.

Reste l'essentiel. Quelle place tenons-nous, mes frères et moi, dans ce puzzle ? De quelle ténébreuse machination avons-nous été les jouets et les boucs émissaires ? Pourquoi n'avons-nous pas été simplement liquidés comme tant d'autres ? Pourquoi ce sadisme, cet acharnement dont je ne soupçonne pas qu'il va durer dix-huit ans ? Pourquoi cette incarcération sans inculpation ni jugement ?

Aujourd'hui encore, en 1993, je n'en sais rien alors que vingt ans se sont écoulés et que j'ai surmonté, tout comme mes frères Midhat et Bayazid, un sort pire que celui enduré lors de la Seconde Guerre mondiale par les déportés, qu'ils fussent juifs, gitans ou résistants, alors que je ne parviens toujours pas à retenir mes larmes dès que m'assaillent les souvenirs de Tazmamart dont personne, pas même Dieu, ne mesurera jamais l'horreur et l'abomination.

Il est fort possible que j'ignore jusqu'à la fin de mes jours les raisons de la décision inique qui nous a retranchés dix-huit ans et demi du monde des vivants et nous a fait,

Le complot

mes deux frères et moi, emmurer dix interminables années au fond d'un tombeau sans lumière envahi par les cafards et les scorpions, dans des conditions que hormis Sa Majesté Hassan II, roi du Maroc, aucun être humain ne saurait imaginer sans vomir.

IV
LES RÉVÉLATIONS DU PF3

Au PF3, en cette deuxième moitié de l'année 1973, le temps s'étire, ponctué des mêmes gestes immuables : ouverture, le matin, de la porte coulissante de nos cellules ; café, toilettes et douche lorsque nous le demandons et où nous nous rendons le bandeau sur les yeux, un par un, car tout contact est prohibé et il est interdit de parler.

Enfermé dans ma cellule, je regarde, dressé sur la pointe des pieds, par le trou de la lucarne, tentant de repérer les lieux, comme j'essaie de le faire lorsque je suis dehors et que le garde qui m'accompagne me dit : « Soulève un peu ton bandeau pour voir où tu marches. »

Petit à petit, je me familiarise avec cette vaste étendue de terre nue, rectangulaire, sans arbres, entourée d'un mur d'enceinte de cinq mètres de haut, de cinquante-trois mètres de long et de dix-huit mètres de large.

La villa où se déroulent les interrogatoires, et qui a été transformée en bureaux, se trouve à l'extérieur de cette enceinte. C'est là que j'ai été torturé par Ben Cherif assisté du chef Moh, responsable de la sécurité de toutes les prisons secrètes de la région de Rabat. A présent, Moh est aimable, ou presque. Petit, trapu, les cheveux très courts et le front dégagé, le plus souvent en djellaba comme les autres gardes, tous membres de sa famille, il parle très mal l'arabe. Sa langue maternelle, c'est le berbère. Chaque fois qu'il passe au PF3, il s'adresse à nous, un par un :

— Ça va ? Pas de problèmes ?

Il dira même un jour à mes deux frères, qui ne lui avaient rien demandé :

— Ne vous inquiétez pas, votre affaire est en bonne voie.

Pieux mensonge, sans doute, dans la mesure où Moh, garde-chiourme en chef, n'était certainement pas dans la confidence de Hassan II et de ses maffiosi.

Depuis ma cellule, la 10, située au sud de l'enceinte, comme les cellules numérotées de 7 à 12, je ne peux communiquer qu'avec Bayazid.

Interdiction de parler, bien sûr, mais tous les prisonniers du monde trouvent des moyens pour entrer en contact.

Nous avons droit à un paquet de cigarettes et à une boîte d'allumettes par jour. Le paquet ouvert et déplié forme une feuille de papier petite mais convenable. Quant aux allumettes, elles font office de crayons. La méthode est simple : on brûle l'allumette, on la mouille et on trace des lettres sur la face interne du paquet. Ensuite, on avance vers la porte. Après avoir appelé Bayazid en donnant un coup dans la paroi, je lui montre, par l'interstice entre le mur et les portes coulissantes des cellules, le petit bout de papier. D'un œil, il déchiffre les lettres que j'y ai tracées. Il me répond de la même manière. Ensuite, il frappe contre le mur de sa propre cellule et communique de son côté avec Midhat, enfermé dans la cellule n° 8 et que je ne peux pas atteindre.

Ce système de communication prend un temps infini. Mais les heures et les jours, ainsi, passent moins lentement.

J'apprendrai de cette façon, avec un immense soulagement, que mes deux frères n'ont pas été torturés. Nous cherchons à comprendre ce qui nous arrive, les raisons pour

Les révélations du PF3

lesquelles nous sommes là. Nous savons que nous sommes tout proches du centre de Rabat. Les rumeurs de la ville nous parviennent très distinctement, ce qui augmente notre angoisse. Là-bas, à portée d'oreille, les gens vivent, s'aiment, rient, jouissent de l'existence. Quant à nous, on nous a oubliés, comme si notre vie entière devait désormais se dérouler dans nos niches de trois mètres sur deux et de quatre mètres de haut, réduite à des rites élémentaires : repas, toilettes, douche, lavage de nos sous-vêtements (nous avons droit à un slip par an) avec de la lessive fournie par les gardiens.

Ils suivent à la lettre, du moins au début, un règlement absurde, comme ce bandeau qu'ils nouent devant nos yeux chaque fois que nous demandons à sortir. Sans l'anxiété qui me ronge, cette manie du bandeau me ferait rire. Qu'y a-t-il de si secret à découvrir dans cette cour ? Des cellules et c'est tout. Mais le règlement, c'est le règlement.

L'enceinte du PF3 est coupée en son milieu par un muret qui sépare le « niveau 1 » du « niveau 2 ». Le niveau 1 comprend les cellules orientées au sud (les nôtres) et, à l'ouest, six autres cellules plus, dans le coin du mur d'enceinte, un débarras. De l'autre côté, en face de nous, juste après la lourde porte principale par laquelle on accède à l'enceinte, on aperçoit le poste d'armes, la cuisine et trois cellules, la 13, la 14 et la 15. A droite de la porte principale, contigus à la cellule 1, se trouvent les douches, d'abord, puis quatre W.-C., dont le dernier, en partant de la droite, s'appuie contre la première cellule.

Enfermés au niveau 2, nous empruntons, pour nous rendre aux toilettes ou à la douche, une allée cimentée légèrement surélevée. Au bout de cette allée en forme de « T », nous tournons à gauche. Et il nous faut passer, avant de descendre le petit escalier qui mène aux toilettes, devant la cellule n° 1.

Le garde qui, un par un, nous accompagne, reste près de nous. Il nous donne un rasoir pour nous raser, puis le reprend. De temps en temps, pressé d'aller ouvrir une autre cellule, parce qu'un autre prisonnier a demandé la douche ou autre chose (la douche est alimentée par un chauffe-eau électrique si petit qu'il faut trois quarts d'heure pour chauffer l'eau), il me dit :

— Soulève légèrement ton bandeau et rentre tout seul.

Je monte alors le petit escalier. Je passe devant la cellule 1 puis, laissant sur ma droite la 2, la 3, la 4, la 5, la 6 et le débarras, j'emprunte l'allée cimentée en sens inverse.

C'est alors, en la longeant, qu'il m'est possible d'entrevoir en renversant la tête les cellules 2, 3, 4, 5 et 6, plus le débarras (voir le croquis en annexes).

En 1973, au PF3, six cellules seulement sont occupées : les trois nôtres plus la 1, la 2 et la 3.

Le matin, distribuant le café, le garde commence par ouvrir la cellule 1, dont il laisse la porte ouverte. Il ouvre ensuite la 2, la 3, etc., sans les refermer, et ainsi de suite jusqu'à la mienne, la 10, dernière cellule « habitée ».

Je peux ainsi, en collant mon œil contre la lucarne de ma porte et, ensuite, en m'avançant lorsque le garde me tend mon café, voir les occupants des premières cellules.

Ces hommes ont l'air au mieux avec les gardes. Sans doute logent-ils au PF3 depuis longtemps. Ils parlent, plaisantent avec les Berbères de Moh qui, baragouinant trois mots de français, leur lancent des formules toutes faites, du genre : « Alors, Pierrot, ça va ? » ou bien : « Salut, mon ami ! » Pour ces détenus, le règlement semble très souple.

Un jour de septembre 1973, alors que je me rends aux toilettes, je passe comme d'habitude devant la cellule 1, dont

Les révélations du PF3

la porte est ouverte. L'occupant de la cellule salue le garde d'une voix joviale et me glisse rapidement :

— Il y a un morceau de pain derrière la porte du dernier W.-C.

Je ne réponds pas, je ne tourne pas la tête. Je trouve effectivement le morceau de pain, placé là parce que ce dernier W.-C. est plus grand que les autres, et qu'on peut mieux y dissimuler quelque chose.

Je laisse le pain où il est. Je ne sais toujours pas combien de temps je dois rester à Bir Rami, au PF3. L'idée de rentrer dans des combines qui risqueraient de nous valoir des ennuis, à mes frères et moi, ne me plaît guère. Je me souviens encore du supplice du perroquet, de l'horreur de la torture.

L'occupant de la cellule 1, que j'ai très bien reconnu pour l'avoir vu avec ses amis se pavaner au milieu des rues de Rabat au volant de belles voitures, fréquentant les meilleurs restaurants et les bars les plus huppés, reviendra à la charge, me glissant chaque fois que je passerai devant lui :

— Il faut qu'on prenne contact.

Ce manège dure jusqu'en novembre.

Nos conditions de détention, petit à petit, se sont assouplies. Le jour où Moh est venu assister à la remise des vêtements d'hiver (pour remplacer la chemise kaki et le pantalon que nous portons en été, on nous donne un pantalon et une chemise plus épais et un chandail, ce qui est suffisant car les hivers, à Rabat, sont doux), nous lui avons demandé, mes frères et moi, de nous autoriser à avoir de la lecture. Moh nous a fait distribuer à chacun un exemplaire du Coran.

Le Coran est un beau livre. Mais on ne peut pas le lire toute la journée, pendant des semaines et des semaines. Pour passer le temps et entretenir ma mémoire, j'ai inventé un jeu très simple : avec une allumette brûlée et mouillée (je n'aurai de stylo que beaucoup plus tard), j'écris un mot, mettons : « armoire ». A partir de chaque lettre de ce mot, j'essaie de trouver le plus grand nombre de mots possible. Tout ceci, bien sûr, en français. Mon exemplaire du Coran deviendra ainsi un véritable gribouillis. On entretient ses méninges comme on peut.

Je vais avoir, à partir de novembre, une occupation beaucoup plus intéressante, bien qu'épuisante.

Au début du mois, la porte de la cellule 11 s'ouvre. Je distingue la voix (car il parle toujours au garde) de celui qu'on vient d'enfermer à côté de moi. C'est l'ancien occupant de la cellule 1.

Il frappe contre le mur. Je m'approche de la porte. Par l'interstice, j'aperçois son œil, puis un bout de papier avec des lettres tracées à l'aide non pas d'une allumette mais d'un stylo à bille. Je retourne au fond de ma cellule, près de la couverture qui nous sert de lit. Je reviens à la porte avec mon emballage de cigarettes déplié et une allumette.

Le dialogue commence. Il durera jusqu'en avril 1974.

Dialogue long, prenant mais difficile dans la mesure où mon voisin s'exprime en français dans un argot très particulier que j'ai du mal à comprendre : l'argot des truands.

Cet homme très grand dont j'ai reconnu, la première fois que je l'ai vu, la large bouche et les yeux exorbités, porte un nom tristement célèbre : il s'appelle Dubail. Les deux comparses incarcérés avec lui ont eux aussi des patronymes sinistres : il s'agit de Boucheseiche et Le Ny.

Ce sont les truands qui, sous les ordres d'Oufkir dont ils ont toujours été les hommes de main, ont enlevé le célèbre opposant Mehdi Ben Barka, le 29 octobre 1965.

Les révélations du PF3

J'ai bien connu Ben Barka, peut-être le seul homme intègre, sincère et propre qu'ait suscité depuis bien des années la politique marocaine.

Je l'ai rencontré pour la dernière fois en août 1965, en Suisse, où je me trouvais pour affaires en compagnie de Midhat et Bayazid. Je me souviens de sa vivacité, de sa fougue, de sa petite taille. Toujours en éveil, il ne tenait pas en place.

Il me dit que son exil allait enfin prendre fin. Il devait très bientôt regagner le Maroc pour y présider le nouveau gouvernement. Il avait conclu avec le roi, dont il avait été jadis professeur de mathématiques, un accord sur un programme de développement économique et sur le rôle important que, l'année suivante, le Maroc jouerait à la Conférence tricontinentale de La Havane, dont il était l'organisateur et à laquelle assisteraient les représentants des pays dits « non alignés ».

Ben Barka a exigé, en échange de la fin de son opposition systématique à Hassan II et à la monarchie, que soient écartés du pouvoir des hommes dont il ne veut à aucun prix dans son gouvernement, des êtres qu'il méprise et qui le haïssent depuis toujours : Moulay Hafid Alaoui, Moulay Ahmed Alaoui, Ahardane et surtout deux criminels notoires qu'il exècre : Oufkir, qu'il a traité publiquement de « mercenaire », et Dlimi.

Au sujet de ces évictions, il s'est montré inflexible. Le roi, me dit-il, lui a donné raison, ce qui m'étonne au plus haut point. J'ai du mal à imaginer que Hassan II ait accepté de se séparer de ceux qu'il considère encore comme ses plus fidèles soutiens.

Ma conversation avec Ben Barka dure longtemps. J'essaie de lui expliquer qu'Oufkir et Dlimi ne lâcheront jamais prise, quitte à le tuer. Quant au roi, il ne prendra jamais le risque de les dresser contre sa personne : ils en savent trop, ne serait-ce que sur son attitude pendant la guerre d'Algérie, sans compter ses affaires, dont la drogue, ses liens avec le Mossad israélien et autres brouilles. Mais Ben Barka, qui ne voit que la possibilité qu'on lui offre d'œuvrer enfin pour le bien de son pays en éradiquant la corruption qui le gangrène et en donnant à sa politique une stature nettement tiers-mondiste, semble convaincu d'avoir gagné la partie.

— Le temps de l'opposition systématique, affirme-t-il, est révolu. Je n'aime pas le roi mais ma patrie et mon peuple passent avant toute autre considération. On me donne enfin enfin la chance de jouer un rôle positif. Je n'y renoncerai pas.

Je me dis : « Que Dieu le garde. »

Fin octobre 1965, après un voyage d'affaires en Amérique latine, je me trouve à Paris. Dans un restaurant de la rue du Sabot, je tombe sur Oufkir, attablé avec deux hommes dont les portraits feront dans quelques jours la une de la presse française : Boucheseiche et Palisse.

Boulevard Saint-Germain, dans différents cafés fréquentés à l'époque par des intellectuels, je reconnais, discutant avec des étudiants marocains, des policiers parallèles notoirement connus à Rabat, notamment el-Mahi et l'énigmatique Chtouki.

Le 29 octobre 1965, près de chez *Lipp*, Ben Barka est intercepté par les policiers Souchon et Voitot et conduit chez Boucheseiche où il est torturé à mort par Oufkir et Dlimi.

Depuis la cellule 11, Dubail me donne d'autres précisions. Il m'a d'abord demandé qui nous étions. Je lui ai répondu :

— Nous sommes des libéraux.
— Politiques ?
— Oui, oui.

Je ne souhaitais pas lui dire la vérité. Lui, par contre, tenait à s'assurer des soutiens extérieurs. Il me dit :

— Politique ? Dans ce cas, vous avez pour deux ans maximum. C'est le tarif.

— Deux ans ?

— Pas plus.

— Quand tu sortiras, va au *Henry's Bar*, à Rabat, boulevard Mohammed-V. Tu connais ?

Je connais. C'est un bar huppé de la ville, situé juste en face de la gare et tenu par un gérant qui est en même temps directeur d'un cinéma chic appartenant à la mère du roi, le « Zahwa ». J'y suis allé souvent. C'est d'ailleurs là que j'apercevais Dubail et ses comparses en train de jouer aux courses. Je les croisais aussi au restaurant *Les Gambusias*, sur la route côtière, deux kilomètres avant le palais de Skirat. Dans cet établissement, géré par « Madame Raymonde », ancienne tenancière de bordel, l'ambassadeur de France avait sa table réservée à côté de celle des truands et d'Oufkir, qui avait coutume de se soûler au bar.

— Va donc au *Henry's*, poursuit Dubail, toujours à l'aide de son petit papier et de son stylo à bille. Au bar, tu verras un homme qui, le dimanche, à l'heure du tiercé, boit un perroquet.

— Qui est-ce ?

— Il n'a pas de nom. Personne ne le connaît. Mais il est des nôtres. Mets-toi à côté de lui, prends un bulletin et inscris les chiffres : 2 9 1 0 6 5 (29.10.65 ; date de l'enlèvement de Ben Barka). Il te fournira tout ce dont tu auras besoin. En échange, donne-lui de nos nouvelles. Dis-lui que nous sommes ici, au PF3. Dis-lui aussi que nous avons peu de chances de nous en sortir.

— Pourquoi ?

— Nous savons trop de choses. Nous avons d'abord travaillé, dès 1962, avec le colonel Lenôtre et ses brigades spéciales, que nous avons encadrées. Rapts, disparitions, interrogatoires, etc. Bien sûr, nous avons aussi travaillé sous les ordres d'Oufkir, pour le compte du roi.

— Vous connaissiez le roi personnellement ?

— Il nous tapait sur le ventre. Il nous invitait à dîner, nous emmenait en balade. Notre façon de parler l'amusait... Mais Oufkir et Dlimi ont changé de camp. Nous avons suivi. Ils étaient dans l'affaire de Skirat. Le colonel Ababou et ses cadets devaient ceinturer le palais. Nous, nous devions, avec vingt hommes, nous emparer de la personne du roi. Au dernier moment, Oufkir, Dlimi, Boulhimez et le général Gharbaoui ont décidé de faire cavalier seul et de lâcher Medbouh lorsque la fusillade s'est déclenchée, ce qui n'était pas prévu. Les cadets, en voyant le luxe de cette fête (l'anniversaire du roi), sont devenus fous. Ils ont tiré dans le tas. Ils y sont même allés à la grenade.

« Dlimi a profité de la confusion pour abattre un des nôtres. Celui-ci n'avait pas touché la somme promise pour sa participation au rapt de Ben Barka. En plus, il n'émargeait plus dans le contingent de haschisch dont il facilitait et supervisait l'introduction d'une partie en France. Il ne cessait de harceler Oufkir et Dlimi. Ce jour-là, le 10 juillet 1971, Dlimi a réglé le problème en lui tirant à bout portant une balle dans le dos.

« Étant donné la tournure que prenait l'affaire, avec tous ces invités du roi canardés comme des lapins, Oufkir et Dlimi ont changé de bord. Nous en savions un peu trop. Nous avons été arrêtés le lendemain, Boucheseiche, Le Ny, Palisse et moi.

— Il n'y a ici, avec toi, que Le Ny et Boucheseiche. Où est Palisse ?

Pas de réponse. Puis :

— Regarde devant toi ; au-delà de l'allée cimentée et du muret. Juste en face, au centre du niveau 2, devant la cellule 14, il y a une tombe.

— Je ne vois rien.

— Bien entendu. C'est une tombe un peu spéciale. Elle ne contient pas de corps. Juste une tête.

— La tête de qui ?

— La tête de Ben Barka.

Tout au long des mois qui suivent, Dubail poursuit son récit. Selon ses dires, lui et ses comparses, avec Oufkir et Dlimi, ont pris en chasse Ben Barka après les travaux d'approche effectués en milieu étudiant, à Paris, par el-Mahi et Chtouki.

Adam el-Mahi, commissaire de police à Rabat, membre des Brigades spéciales, supervisait le service spécialisé dans le noyautage des milieux étudiants, du monde des arts, des lettres, du théâtre, des chanteurs, etc. Une de ses sœurs épousa un instituteur d'arabe nommé Bine Bine qu'Oufkir introduisit auprès du roi. Tout en donnant des cours d'arabe au lycée royal, il faisait partie des bouffons que Hassan II emmenait partout avec lui.

Par une cruelle ironie du sort, un des fils de ce Bine Bine, Abdelaziz Bine Bine, dont j'aurai l'occasion de reparler, fut impliqué dans l'attaque du palais de Skirat, condamné à dix ans de prison, et se retrouva notre compagnon dans le bâtiment 2 de Tazmamart. Il comptera parmi les sept survivants libérés le 21 octobre 1991.

— Quant à l'énigmatique Chtouki, poursuit Dubail, il s'appelle en réalité Miloud Tounsi. Il est commissaire de police et l'un des chefs des Brigades spéciales. Grâce à lui et aux contacts d'el-Mahi, nous avons localisé Ben Barka. Il a été intercepté par Souchon et Voitot, deux policiers français, et conduit chez Boucheseiche. C'est là qu'Oufkir et Dlimi l'ont torturé à mort.

Ce qu'il m'apprend ensuite défie l'imagination. Dit-il la vérité ? Enjolive-t-il ? Je n'en sais rien et je n'ai comme source que ses propres paroles. Mais pourquoi un homme qui se sait condamné travestirait-il la réalité ?

Son récit éclaire toutes les zones d'ombre de l'affaire Ben Barka.

Les enquêteurs français, après le rapt et la disparition, avaient été incapables de localiser Oufkir et Dlimi pendant une nuit entière. Dlimi, qui avait laissé ses bagages à l'hôtel, n'y était pas retourné.

— Et pour cause, poursuit Dubail. Il était à notre quartier général, avenue ***.

Je sursaute. J'ai mal déchiffré, sans doute.

— Où ?

Dubail élude ma question et continue :

— Du côté français, Jean-Louis Tixier-Vignancourt, avocat d'extrême droite, adversaire irréductible du général de Gaulle contre qui il se présenta à l'élection présidentielle, appelant à voter pour François Mitterrand au second tour, était en relation directe avec le roi, et le roi seul. Il le rencontrait à Ifrane. Lors de ses déplacements au Maroc et de ses rendez-vous avec Hassan II, il n'avait affaire qu'à Boucheseiche et Palisse.

Selon Dubail, Tixier et Hassan étaient convenus de « récupérer » Ben Barka à un moment qui provoquerait des remous tels que le pouvoir gaulliste en serait ébranlé, ce qui favoriserait à terme la chute de De Gaulle.

On décida donc d'agir pendant la campagne présidentielle.

Le corps de Ben Barka ne fut jamais retrouvé.

Je sais à présent, grâce à Dubail, que sa tête est au PF3.

— On la lui a tranchée après sa mort, précise-t-il. Hassan II voulait la voir. Palisse la ramena au quartier général parisien et Oufkir rapatria la tête au Maroc dans un sac de voyage. Le trophée macabre fut présenté au roi. À présent, il est là, à six mètres de la cellule 14.

— Qui l'a enterré ?

— Ce bon chef « Moh » en personne. Il finira par nous enterrer nous aussi.

— Et Palisse ?

Pas de réponse. Je demande alors :

— Et le corps de Ben Barka ?

— Il est aux environs de Paris. Un avocat français d'extrême droite – pas Tixier, un autre –, qui organisa plusieurs coups en Algérie du temps de l'OAS, a tout arrangé. Une de ses connaissances, un pauvre type coupeur de bois de son état, a coulé le corps dans une dalle de béton qu'il a enfouie quelque part dans ces parages. Depuis, cet homme qui n'avait pas un radis possède une belle voiture et une jolie maison.

Telles sont les révélations que me fait Dubail, entre novembre 1973 et avril 1974, après avoir obtenu son changement de cellule, la sienne étant soi-disant perpétuellement envahie par l'eau.

Pendant ce temps, il reste en contact permanent avec ses comparses Boucheseiche et Le Ny. J'ai dit qu'ils étaient au mieux avec les gardes, berbères illettrés qui leur lancent, chaque matin, de joyeux : « Alors, mon ami, ça va, la vie ? »

Les truands ont droit eux aussi à de la lecture. Nous, nous avons le Coran. Eux, ils ont la Bible. Je les imagine méditant les *Psaumes* ou *l'Ecclésiaste*. En fait, cette Bible leur sert de boîte aux lettres. Ils se la passent par l'intermédiaire des gardiens, ravis de leur rendre ce service. Ces gardiens, de toute façon, ne savent pas lire. Même s'ils ouvraient la Bible, ce qui ne leur vient même pas à l'idée, ils seraient incapables de déchiffrer les signes tracés sur les lettres par les truands.

Mes frères et moi communiquons toujours par le même moyen : paquets de cigarettes, allumettes consumées et mouillées.

Ma conversation avec Dubail m'en apprend tous les jours. Il me met au courant de l'existence des laboratoires de Tanger et d'Agadir destinés à la transformation de la cocaïne.

— Avant 1971, c'est nous qui la raffinions : huit cents kilos en tout. Nous avions divers modes de transport : valise diplomatique, avions-taxis, etc. Mais il y en avait un particulièrement discret et efficace. Nous franchissions la douane avec de petites boîtes de briquets « Flaminaire ». Chaque boîte-cadeau contenait des briquets de toutes les couleurs, agrémentés d'une petite bonbonne de gaz. Ces bonbonnes étaient pleines de cocaïne. La marchandise passait comme une lettre à la poste... La drogue, ajoute-t-il, c'est l'affaire du roi et des gros bonnets. Celui qui met son nez là-dedans...

Il me raconte ainsi la fin du représentant de l'ORTF au Maroc, qu'on a retrouvé, en 1967, assassiné au bord d'un lac, dans la forêt de Kenitra. La police a mis le meurtre sur le compte d'un vagabond. Bien sûr, aucun vagabond n'a été appréhendé. Et nul ne sait ce que le journaliste français était allé faire dans cette forêt éloignée de tout.

— Cet idiot, me dit Dubail, est allé fouiner là où il ne fallait pas. Il a découvert la filière. Une speakerine de la télévision, nommée Grenson, lui a proposé de lui faire rencontrer des gens impliqués dans le trafic et qui pourraient lui donner tous les renseignements qu'il voudrait. Ils sont partis pour la forêt de Kenitra.

Les révélations du PF3

— Là-bas, pourtant, on n'a retrouvé que lui. Mort.

— Exact. Il n'avait pas rendez-vous avec des informateurs, mais avec d'autres gens.

— Qui étaient ces gens ?

Pour toute réponse, Dubail ricane. Puis :

— Il y en a eu, des morts... Ici aussi, il y en a. Tu vois le mur d'enceinte, à ta droite ? Au pied de ce mur, les gardes de ce bon chef Moh font pousser du persil et de la menthe. En fait, leur potager est un cimetière. C'est là que se trouvent les étudiants arrêtés après les événements de 1963. Il y a ceux qui ont succombé à la torture, dans la villa, et ceux qu'on a liquidés ensuite. On a creusé des tombes tout le long du mur, que ce soit au niveau 2 ou au niveau 1... Le PF3 est le cimetière privé de Sa Majesté Hassan. Il y en a, du monde... Chaque fois que tu vas aux douches ou aux chiottes, tu contournes des morts. C'est commode, les morts. Ça n'est pas encombrant. Ça ne parle pas. Tandis que nous... Vous sortirez bientôt. N'oubliez pas le *Henry's Bar*. Souviens-toi du code : 2 9 1 0 6 5...

Il insiste là-dessus, comme s'il espérait encore une intervention miraculeuse, le salut.

Notre conversation est brutalement interrompue en avril 1974.

Dubail, Boucheseiche et Le Ny quittent le PF3.

Boucheseiche reviendra le premier, le 29 octobre. Le Ny le suivra le 14 novembre. Dubail, lui, reviendra le 16 novembre 1974.

Ni lui ni les autres ne seront alors en mesure de communiquer avec qui que ce soit.

Pendant toute cette période, nous ne restons pas inactifs. Nous n'avons qu'une obsession : sortir du PF3 au plus vite, redevenir des hommes comme les autres, retrouver notre mère, notre famille. À mesure que le temps passe, les gardes deviennent moins bourrus, moins muets. Lorsqu'ils ouvrent la porte de nos cellules, ils nous disent bonjour. Nous leur répondons.

Nous cherchons à aller plus loin, à établir un véritable contact. Là, ils se rebiffent, se renferment. Ils ont peur. Ils savent très bien où ils sont, qui les emploie. Ils n'ignorent pas que c'est le roi, et lui seul, qui désigne les pensionnaires du PF3. Et ils connaissent sa justice. Au mieux, une balle dans la nuque. Au pire, la torture, et des années de souffrance.

Ils ont peur et ils font leur travail, comme tous les gardes-chiourme du monde. Cela ne les empêche pas, de temps en temps, même si ce sont des hommes frustes, de se poser des questions. Notre cas les intrigue. Notre identité, pour eux, n'est pas un mystère. Ils savent que nous étions en relation avec le palais, que nous connaissions le roi et sa famille. Pourquoi, se demandent-ils, Hassan a-t-il kidnappé et incarcéré trois frères, trois membres de la même famille ? Qu'ont-ils fait pour mériter une telle disgrâce ?

Ils se grattent la tête, se creusent les méninges. Puis ils renoncent. Nous sommes là, prisonniers. Eux ont pour mission de nous garder. C'est simple. Pourquoi se tracasser ? Et le temps s'étire, avec ses habitudes, ses bribes de dialogue.

— Bonjour, ça va ?

— Ça va.

L'un d'eux, pourtant, se montre plus réceptif que les autres. Grand, large d'épaules, le visage orné d'une épaisse moustache, il s'appelle Moulay Ali Fakhim. Il a assisté à mon interrogatoire. Il me parle un peu plus longtemps que les autres gardes, s'adresse aussi à Bayazid et à Midhat. Nous l'avons surnommé « Caramel ». Car nous avons donné des surnoms à tout le monde : Dlimi est devenu « Tartuffe », un des gardes s'appelle « Le Voyou », l'autre « Le Corbeau », etc.

C'est par Moulay Ali que nous tentons d'entrer en contact avec notre famille. Moulay Ali n'approuve pas la façon dont on nous traite. Même s'il obéit scrupuleusement aux ordres, il se pose un peu plus de questions que les autres.

Nous lui demandons, Bayazid, Midhat et moi, d'aller voir notre mère à Rabat. Au début, il semble faire la sourde oreille. Devant notre insistance, il finit par accepter. Il me dit simplement.

— Bien, j'irai.

Nous nous efforçons de ne pas le harceler. Tous les trois ou quatre jours, quand même, nous lui demandons :

— Alors, tu es allé là-bas ?

— Non, répond-il. Je n'ai pas eu le temps.

Ou bien :

— C'est difficile. Il faut que je prenne des précautions.

Un après-midi du mois d'avril 1974, j'entends s'ouvrir les

loquets de cinq cellules. Il y a donc cinq nouveaux prisonniers au Point fixe n° 3 de Bir Rami.

Le lendemain matin, Moulay Ali ouvre la porte de ma cellule pour me donner mon café, comme d'habitude. Intrigué, impatient de savoir, je lui demande :

— Qui sont les nouveaux ?

Pour toute réponse, il me lance :

— Pompidou est mort.

— Il y a eu un attentat ?

— Non. Il est mort, c'est tout.

Bon. Pompidou est mort. La belle affaire... Qu'a-t-il fait, celui-là, pour nous tirer de notre geôle ? N'avons-nous pas la nationalité française ? Bien sûr, nous sommes des citoyens de seconde zone, des Arabes, des « bougnoules », comme disent si joliment les pieds-noirs d'Algérie, du Maroc ou de Tunisie. Le gouvernement français va-t-il déranger Sa Majesté pour les frères Bourequat ?

Avec amertume, je hausse les épaules. Moulay Ali a déjà refermé la porte.

Dans l'après-midi, nouveau remue-ménage. Dubail, Le Ny et Boucheseiche s'en vont. Ils quittent le PF3 pour être transférés au PF2, la célèbre « maison Mokri », d'où viennent les nouveaux arrivants.

Le lendemain matin, alors que je m'apprête à l'interroger encore une fois sur les nouveaux détenus, Moulay Ali me dit très vite :

— Je suis passé là-bas. Tout va bien.

Son service l'accapare, il est pressé. J'insiste quand même.

— Quoi de neuf ?

Il répète :

— Je suis passé, j'ai vu ta mère.

Ainsi s'établit le contact. Moulay Ali prend des risques

énormes. Il continue pourtant à servir d'intermédiaire, à rencontrer ma mère. Un autre jour, il me dit :

— Elle sait que tu as été torturé. Je l'ai tranquillisée à ton sujet, mais elle est très inquiète.

— Apporte-moi un bout de papier et un crayon. Je vais lui écrire un mot.

Il s'exécute. Je rassure ma mère de mon mieux. Je lui écris dans la langue que nous avons toujours employée entre nous : le français.

Moulay Ali me dit en empochant le papier :

— Ne t'inquiète pas, je le lui apporterai.

Il y aura d'autres messages, toujours par la même filière. Ma mère nous écrit : « Tenez-vous tranquilles. Des choses se préparent. J'ai contacté des gens qui sont intervenus auprès du roi. Tout va s'arranger. »

Nous reprenons espoir. Un espoir ténu, incertain, mais revigorant. Un après-midi, vers 2 heures, le chef Moh ouvre la porte de ma cellule et me dit :

— Sors.

J'obéis. Nous sommes en juin. Il fait chaud. Moh me tend une feuille de papier et un stylo.

— Écris une demande de grâce à Sa Majesté.

— Pourquoi ?

— Écris. Dépêche-toi. La lettre doit lui parvenir avant 16 heures.

Il est vrai que nous ne sommes pas loin du palais. Les bruits assourdis de la ville nous le rappellent chaque jour. Nous avons entendu, il n'y a pas longtemps, le vacarme provoqué par les funérailles d'Alal el-Fassi, chef du parti de l'Istiqlal, auxquelles assistait le roi. Sirènes, motards, cris de la foule.

L'ordre de Moh, également donné à mes deux frères, qui signeront la demande de grâce, me paraît incongru. À quoi tout cela rime-t-il ? L'idée de la lettre ne vient certainement pas de Moh lui-même. Alors de qui ? Du roi qui joue avec nous au chat et à la souris ? Nous savons que notre mère et notre sœur Khadija continuent inlassablement leurs démarches. Tout cela restera vain. Quant à notre demande de grâce, elle n'aura bien entendu aucune suite.

Le temps s'étire encore, avec son cortège d'angoisses, de découragement, d'ennui.

Pour voir ce qui se passe dans la cour, nous avons, avec l'ongle, dévissé de notre lucarne les vis destinées à fixer un cadenas, que nos gardes ne mettent jamais. Ainsi, lorsqu'ils ferment la lucarne, nous pouvons, par ces petits trous, observer l'extérieur, l'allée de ciment, la cour nue et sans arbres, le mur d'enceinte, les cellules d'en face.

C'est de cette façon que nous avons assisté au retour au PF3 de Dubail, Le Ny et Boucheseiche.

Le 29 octobre 1974, à la tombée de la nuit, une fourgonnette pénètre dans la cour. Elle freine au milieu du niveau 1, près de l'endroit où Dubail m'a affirmé qu'on avait enterré la tête de Ben Barka. La porte arrière de la fourgonnette est ouverte. Deux gardes, Hamou Ben Othmane et Ali Agharbi, se mettent à creuser le sol juste en bordure d'un carré où ils ont planté des fèves. Assis en face d'eux, le chef Moh et son frère Abdallah boivent du thé. Ils ont mis la radio au maximum. La voix de Hassan II prononçant le discours de clôture du sommet de la Ligue arabe puis appelant un à un les chefs d'État présents pour qu'ils prononcent à leur tour une allocution, couvre le bruit sourd de la pelle et de la pioche.

Une fois le trou terminé, les deux fossoyeurs s'approchent de la fourgonnette, en extirpent un cercueil qu'ils jettent dans la fosse. Ils vont chercher dans la cellule d'en face un grand panier de chaux qu'ils vident sur le cercueil. Ensuite,

Hamou Ben Othmane déroule un tuyau, arrose le tout abondamment. Les deux hommes rebouchent la fosse.

Deux jours plus tard, Moulay Ali nous apprend le nom de celui qu'on a enterré sans cérémonie. Il s'agit de Boucheseiche.

Le 14 novembre, dans l'après-midi, alors qu'il fait un soleil radieux, la fourgonnette freine de nouveau dans la cour. Abdallah Boutoulout, aidé cette fois du garde Jaâfar, en descend un cercueil qu'il installe dans une cellule vide. Quelques instants plus tard, Abdallah Boutoulout, après un aller-retour, dépose sur le cercueil une barre de glace. Le soir même, vers 21 heures, retentit le bruit de la pelle et de la pioche, qui nous parvient assourdi. Les gardes creusent à l'extérieur du mur d'enceinte. Même manège : cercueil, panier de chaux (la cellule vide, la « 14 », est remplie de ces paniers, entassés les uns sur les autres).

Telles furent les funérailles d'André Le Ny.

— Le troisième suivra bientôt, nous apprend Moulay Ali.

Deux jours plus tard, le 16 novembre, la camionnette revient une dernière fois. Les mots de Dubail me reviennent en mémoire : « C'est commode, les morts, ça ne parle pas... » Il sera enterré à côté de son compère Le Ny, à l'extérieur du mur d'enceinte, côté ouest, en face de la cellule 1 qu'il a occupée pendant quatre ans.

Ainsi, chaque événement nous en apprend davantage sur les méthodes de Hassan II. Ces enterrements à la sauvette, le spectacle de Moh buvant son thé pendant que ses sbires creusaient la fosse de Boucheseiche nous ont glacé les os. L'angoisse revient, lancinante. Quel sort Hassan nous réserve-t-il ? Va-t-on, nous aussi, nous liquider à l'improviste et nous recouvrir de chaux ? Notre famille va-t-elle réussir à nous sauver ?

Les révélations du PF3

Autant de questions sans réponses. Et l'attente se poursuit, interminable.

Brutalement, nos conditions de détention s'assouplissent. Nous avons pu prendre contact avec les cinq nouveaux détenus. Ce sont quatre militaires impliqués dans le coup d'État sanglant de Skirat, plus Houcine Manouzi, opposant au régime. Manouzi est le seul civil du groupe. Condamné à mort par contumace lors du procès de Marrakech, en 1970, il s'est réfugié en Libye où il a travaillé dans une compagnie aérienne. En même temps, il animait une émission de radio en berbère destinée au Maroc. Il a été kidnappé en Tunisie en 1972 et ramené au Maroc.

Quatre des cinq hommes étaient détenus à la prison centrale de Kenitra. En août 1973, ils ont transité par le PF2, la « maison Mokri ». Tout cela, je l'apprendrai plus tard. Pour l'heure, nous apercevons les prisonniers de loin, dans un coin de la cour.

Car nos gardes se sont détendus. Le chef Moh est venu, au cours de l'été 1974, assister à la distribution des vêtements. Nous avons profité de sa visite pour lui demander la permission de nous promener dans la cour. Cette autorisation nous est accordée plusieurs mois plus tard.

Nous recevons tout d'abord la permission de nous promener tous les trois, Bayazid, Midhat et moi. Les cinq autres détenus déambulent de leur côté. Puis, le temps passant, nous sentons nos gardes de moins en moins sévères. Maîtres de leurs agissements à l'intérieur de l'enceinte du PF3, ils se dérident, nous autorisant à nous promener tous les huit ensemble. Nous parlons entre nous.

Auparavant, mes frères – que je voyais pour la première fois depuis plus d'un an –, m'ont raconté leur arrestation. Ils n'ont pas été molestés. Après mon enlèvement, les agents du roi sont restés à « La Roseraie ». Ils ont monopolisé le téléphone dont ils se servaient en permanence. Ma compagne, sans dire un mot, faisait du café pour tout le monde.

Le soir, les hommes de Hassan ont dit à mes frères :

— Sa Majesté est mécontente. Vous êtes attendus au cabinet royal.

Bayazid et Midhat les ont suivis. On les a fait monter dans une voiture. Au bout de quelques kilomètres, un des hommes leur a demandé :

— Vous avez chacun un mouchoir ?

— Oui.

— Alors, couchez-vous sur la banquette et mettez-le sur les yeux.

Ainsi se sont-ils retrouvés au PF1, puis au PF3.

Un autre militaire a fait un bref séjour dans une cellule. Ses motifs d'incarcération n'ont rien de politique. Il a simplement menacé de son revolver un membre de la police parallèle qui tournait autour de sa petite amie. Or la police parallèle fait ce qu'elle veut au Maroc. Elle peut arrêter n'importe qui, même un ministre. Il lui arrive souvent d'utiliser son pouvoir illimité pour séquestrer pendant deux ou trois mois, voire davantage, des commerçants en vue de les racketter.

Ce militaire irascible est relâché au bout d'une semaine.

Les gardes deviennent de plus en plus compréhensifs. Dans la cour, nous pouvons jouer aux cartes, écouter la radio. Lorsque nous parlons entre nous, ils s'éloignent. Ils nous offrent même du thé.

Nous faisons donc plus ample connaissance avec les militaires et Manouzi. Il y a là le colonel Ababou, frère du fameux colonel Ababou qui commandait l'école des cadets dont les élèves ont, sous ses ordres, pris le palais de Skirat.

Âgé d'une quarantaine d'années, Ababou est plus vieux que son célèbre frère.

Le plus jeune du groupe est sans conteste Houcine Manouzi. Petit, mince, il a des yeux de fouine, perçants et vifs. Il doit avoir une trentaine d'années. Le procès de Marrakech, où il a été condamné par contumace, jugeait un pseudo-coup d'État ubuesque et monté de toutes pièces. Mendès France y a assisté en observateur. Il a pu ainsi voir comment fonctionne la justice marocaine. Il a entendu, au cours d'une conférence de presse, le ministre de l'Intérieur présenter aux journalistes les « preuves » de ce complot imaginaire destiné, selon lui, à renverser le régime : un rouleau de fil de fer barbelé de dix-huit mètres et un pistolet 7,65 avec un chargeur muni de sept balles. C'est en fonction de ces « pièces à conviction » que les « conjurés » ont été condamnés.

Manouzi pense, comme nous, que le relâchement de nos conditions de détention est la conséquence directe de l'union sacrée entre le pouvoir et l'opposition à propos de la question du Sahara espagnol, union sacrée dont l'apothéose sera la grandiloquente « Marche Verte », marche « pacifique » menée par le roi qui entraînera son peuple à la reconquête du Sahara occidental, ces « provinces perdues » encore occupées par les Espagnols. La restitution de ces territoires par l'Espagne entraînera entre les Sahraouis appuyés par l'Algérie et le Maroc une guerre qui dure encore.

Bref, nous pouvons parler. Le colonel Ababou, flanqué de ses deux hommes de main, l'adjudant-chef Akka, âgé de soixante ans, et l'aspirant M'Zireg, sensiblement du même âge, beau-frère du général Medbouh, chef officiel du complot de Skirat, nous raconte avec le capitaine Chellat, adjoint de l'autre colonel Ababou à l'école des cadets, la vraie version de la tentative de putsch.

Dix-huit ans de solitude

Le roi fêtait son anniversaire dans son palais d'été, comme tous les ans. Les conjurés devaient officiellement se saisir de sa personne et le forcer à abdiquer en faveur d'une république qu'aurait dirigée le général Medbouh. Les cadets du colonel Ababou devaient simplement ceinturer le palais avant de foncer sur Rabat pour s'emparer de la radio et de l'état-major. Officiellement toujours, le coup rata parce que Ababou donna l'ordre de tirer sur les centaines d'invités du roi. Officiellement encore, seuls Medbouh, ses amis, Ababou et leurs hommes étaient impliqués.

Or, nos interlocuteurs nous révèlent que l'armée entière participait au complot, y compris et surtout Oufkir et Dlimi. Oufkir avait tout manigancé. Il avait convaincu Ababou, en lui montrant des photos pornographiques prouvant la dépravation du roi, qu'il fallait l'abattre. Hassan mort, tous les conjurés devaient se retrouver au mess des officiers de Rabat pour fêter la victoire et l'instauration de la république présidée par Medbouh, qui assistait d'ailleurs à la fête de Skirat, en civil. Mais l'affaire n'en serait pas restée là.

Oufkir (son nom veut dire « le fils du pauvre ») avait une idée bien précise. Le général Medbouh (dont le nom signifie « l'égorgé » — son père avait eu la gorge tranchée par des bandits de grand chemin, les « coupeurs de routes » ; il avait survécu et transmis son surnom à ses enfants) n'était pour lui qu'un comparse. Le vrai complot se serait joué à Rabat au mess des officiers. Un homme d'Oufkir, le colonel Allouche (« l'agneau »), devait encercler le mess et abattre tous les officiers présents, sauf Oufkir, qui aurait eu enfin le pouvoir pour lui seul.

L'affaire de Skirat fut une épouvantable tuerie. Les mille

huit cents cadets du colonel Ababou, écœurés par tant de victuailles, de bouteilles de champagne, par tout ce beau monde dont les représentants diplomatiques de cent quatre-vingts pays qui s'empiffraient tandis que le peuple marocain vivait dans le dénuement et la pauvreté, tirèrent dans le tas.

Devant ce carnage, Oufkir, présent dans la cachette où s'était réfugié le roi (les toilettes), lâcha ses complices. Medbouh, qui ne savait pas qu'il fallait tuer Hassan, fit lui aussi marche arrière. Tombant sur Ababou, qui avait donné l'ordre de tirer dans la foule, il lui dit, paniqué :

— Mais qu'est-ce que tu fais ?

Ababou répondit crûment :

— Je veux « le Nègre ». Ce coup-ci, il faut qu'il y passe.

— Très bien. Je sais où il est. Je vais te conduire auprès de lui. Mais seul.

— Sûr, dit Ababou.

Et il tira à bout portant, tuant Medbouh.

Avec ses cadets, il se lança ensuite à la recherche du roi. Il ne le trouva pas. Il quitta alors Skirat, partit pour Rabat s'emparer de la radio et du siège de l'état-major, laissant son frère au palais d'été avec quelques cadets.

Mais le second colonel Ababou refusa de rester sur place. Il monta dans sa jeep et fonça vers Rabat rejoindre son frère, qui, blessé, demanda à son fidèle compagnon, l'adjudant-chef Akka, de l'achever.

Medbouh et Ababou morts, le palais de Skirat laissé à quelques jeunes cadets, Oufkir retourna la situation à son profit. Le roi sortit de sa cachette, soumit les cadets, leur disant :

— Allez-vous tirer sur votre roi ?

Quant à Dlimi, il en avait profité pour régler ses comptes

personnels en liquidant d'une balle dans le dos un de ses hommes de main impliqués dans l'affaire Ben Barka.

Oufkir faisait figure de héros, de soutien indéfectible de la dynastie alaouite. Les généraux impliqués dans le coup furent jugés par une cour martiale et exécutés. Quant au colonel Allouche, « l'agneau » qui devait, pour finir, éliminer tout le monde, sauf Oufkir, il fut emmené dans les locaux de la Sûreté où on lui fit le coup du lapin, lui brisant la nuque.

Sa famille le cherche encore.

Ce que nous racontent les militaires nous ébahit. Non seulement à cause de ce qu'ils nous apprennent, mais surtout à cause de leur stupidité. Nous leur disons :

— Comment avez-vous pu faire un tel gâchis alors que vous disposiez de mille huit cents hommes déterminés ? Comment avez-vous pu tirer sur des diplomates étrangers ? Quelle légitimité internationale espériez-vous avoir après une bévue aussi énorme ? Pensiez-vous que les pays dont vous aviez tué les représentants allaient vous reconnaître et vous envoyer des fleurs ?

Manouzi nous approuve.

— La première chose à faire, leur dit-il, c'était de mettre tous les étrangers dehors et de régler ensuite vos comptes entre vous.

Eux se grattent la tête et répondent :

— Peut-être...

Certains militaires, même haut placés, ont l'esprit un peu court. Ceux-là font partie du lot.

Ils sont sûrs, en tout cas, de payer bientôt leur acte de leur vie. Preuves vivantes de la trahison d'Oufkir et de Dlimi, que le roi ignore, ils sont voués à l'abattoir. L'adjudant-chef Akka a été condamné à perpétuité, tout comme le capitaine Chellat, homme jeune qui dirigea le convoi des

Les révélations du PF3

cadets depuis l'école jusqu'au palais de Skirat, situé à vingt-cinq kilomètres de Rabat, sur la route de Casablanca, et qui prit ensuite la radio de Rabat avec Ababou. Le colonel Ababou, lui, a été moins lourdement condamné : vingt ans. Quant à l'aspirant M'Zireg, ancien combattant civil de l'armée de libération nationale, à qui on a donné par complaisance le grade d'aspirant, juste en dessous de celui de sous-lieutenant, il en a pris pour dix-huit ans.

Ce ne sont que des condamnations de pure forme. Tous savent que Dlimi n'a qu'une idée en tête : les tuer.

Nos conversations se poursuivent jusqu'à l'arrivée au PF3 de trois Sahraouis, qu'on enferme dans des cellules voisines des nôtres. Dès lors, mes deux frères et moi sortons ensemble. Les cinq autres sortent de leur côté, avant les trois Sahraouis, avec qui nous réussissons quand même à communiquer.

Les Sahraouis ont toujours été des commerçants. Au temps de la domination espagnole, ils n'ont pas cessé de sillonner l'Afrique. L'Espagne gouvernait leur territoire de façon très lâche, se contentant de l'administrer en laissant à ses habitants leurs coutumes et le droit de vivre comme ils l'entendaient. Ils avaient installé une zone franche aux Canaries. De là, ils introduisaient leurs marchandises en Afrique. Les Sahraouis les diffusaient partout sur le continent, ramenant d'autres marchandises – tissu, ambre, épices – venues du monde entier, même de Chine, et prises ensuite en charge par les Espagnols. Ce commerce fonctionnait à merveille. Avec la modernisation, les caravanes de chameaux avaient disparu, laissant la place à des camions.

Les trois Sahraouis détenus conduisaient un de ces

camions, bourré de matériel électronique. Ils avaient été kidnappés par les commandos de Dlimi et de ses comparses Houcine Jamil et Basri, actuel ministre de l'Intérieur et, à l'époque, directeur de la DST, qui subtilisèrent leur chargement.

Une fois le camion vidé, les trois hommes seront relâchés. Ils auront eu le temps de nous en apprendre un peu plus sur le Maroc secret de Hassan II...

Les trois Sahraouis partis, nous retrouvons notre régime « de faveur ». Nous pouvons de nouveau nous promener tous les huit. Les gardes jouent parfois aux dames avec nous. Ils se mêlent à notre groupe, nous parlent, nous font des confidences.

Moulay Ali Fakhim n'est plus là. En mars 1975, il a été muté au PF2. Plus tard, toujours, j'apprendrai pourquoi.

Cet homme est devenu presque un ami. Il m'a même dévoilé certaines choses qu'il aurait dû garder pour lui, comme la fin du quatrième comparse des truands, Palisse, abattu par les gardes extérieurs à l'enceinte, ceux de la villa, après avoir maîtrisé un garde intérieur, lui avoir pris son arme et avoir tenté de fuir, ce qui explique pourquoi Dubail ne répondait jamais à mes questions à son sujet.

Moulay Ali a continué à servir d'intermédiaire entre ma mère et nous. Grâce à lui, elle nous envoyait non seulement des nouvelles, mais de la nourriture.

Un jour, mon beau-frère Ali el-Yacoubi, mari de ma plus jeune sœur, qui habitait Casablanca, se rendit chez ma mère. Il croisa Moulay Ali qui sortait de chez elle, et lui trouva un air étrange. Il demanda à ma mère :

— J'ai vu un homme quitter votre maison : un grand moustachu. Qui est-ce ?

Ma mère répondit de façon évasive. Elle ignorait, tout

comme nous, que mon beau-frère était membre de la DST de Casablanca. Quand je dis que rien ne se passe comme ailleurs au Maroc, je ne mens pas. Nous avions même un traître au sein de notre famille.

Mon beau-frère revint plusieurs fois à la charge. Ma mère, qui le prenait pour un allié, finit par lui dire :

— J'ai des nouvelles de mes fils.

Ainsi Moulay Ali fut-il confondu. J'eus l'occasion, dans des circonstances abominables, de le revoir une dernière fois.

Dans le courant de l'année 1975, nos gardes se rapprochent donc de nous. Pour eux, nous sommes des gens instruits. Nous pouvons, pensent-ils, leur apporter des réponses aux questions qu'ils se posent, aux remords qui, sans doute, les assaillent parfois.

Un jour, dans la cour, l'un d'eux, le plus peureux de tous, dont j'ai oublié le surnom, me dit :

— Éclaire-moi. Toi qui connais les choses de la religion et qui as lu le Coran, dis-moi : si un homme enterre un autre être humain, commet-il un péché grave ?

Je réponds :

— Au contraire. Accompagner un homme jusqu'à sa dernière demeure, selon les rites, est une bonne action...

Le garde se dandine, triture sa djellaba. Il sourit gauchement et murmure :

— Justement...

— Justement quoi ?

— Que se passe-t-il s'il s'agit d'un enterrement un peu spécial ?

— Je ne comprends pas.

J'ai très bien compris. Mais le garde s'enferre, cherche ses mots. Je décide de le laisser m'avouer lui-même ce qui le tourmente.

J'ai assisté à l'enterrement de Dubail et de ses amis. Je sais que les gardes qui font office de fossoyeurs touchent chaque fois une prime d'environ deux cent cinquante francs. Voilà ce qui perturbe le garde. Il fait ce qu'on lui dit de faire : il torture si on le lui demande, il frappe, il creuse les fosses. Il empoche sa prime et ensuite, tourné vers La Mecque, il fait sa prière. Ceci, croit-il, compense cela. Mais il n'en est pas tout à fait sûr. Je lui dis :

— Enterrer un homme, qu'il soit musulman, chrétien ou juif, est bien vu de Dieu. C'est le dernier hommage qu'on puisse rendre à l'un de Ses enfants...

— Bien sûr... Mais là, c'est un peu spécial.

— Qu'y a-t-il de spécial ? Les gens meurent, on les ensevelit au cimetière et voilà.

— Justement... Ce n'était pas tout à fait au cimetière. Et puis l'homme n'était pas mort de...

— Il n'était pas mort de quoi ?

— De... de mort naturelle, paisible.

— De quoi était-il mort, cet homme ?

— Eh bien, de mort accidentelle, de quelque chose comme ça...

Il me terrifiait, mais il me faisait en même temps pitié. J'ajoutai :

— Bref, tu essaies de me dire qu'il s'agit d'un type que tu as frappé un peu trop fort, qui t'a claqué dans les doigts et que tu as enterré à la va-vite, non loin d'ici...

Il incline la tête et murmure :

— C'est un peu ça...

— Dans ce cas, Dieu ne te pardonnera jamais.

— Même si je vais à La Mecque ?

Les révélations du PF3

— Même si tu passes par le paradis. Les funérailles, c'est sacré. Le Coran l'a dit.

— Ah...

L'homme parut consterné, comme l'étaient parfois tous les gardes. Leur travail les troublait. Ils le faisaient sous la menace, et pour toucher les primes. Mais au fond d'eux-mêmes, une conscience, même très vague, les taraudait.

C'est ainsi que Manouzi obtiendra de l'un d'eux des aveux complets.

Il a trouvé dans sa cellule (la 1, occupée jadis par Dubail), au fond d'un trou pratiqué dans le mur, de longs cheveux enroulés. Il nous les montre et nous les étudions ensemble. Ce sont des cheveux de femme.

Pour la première fois, nous découvrons la trace d'une personne enfermée au PF3 avant nous. Car nos cellules sont nettes, froides. Pas une inscription sur les parois, pas un nom, pas une initiale.

Nous nous repassons, bouleversés, cette mèche, ultime vestige d'une vie qui n'est plus.

Pendant des semaines, Manouzi « cuisinera » un des gardes. Après s'être muré dans son mutisme, l'homme finira par tout raconter.

— Dans cette cellule, lui dit-il, étaient enfermés une femme et ses deux enfants. Ce qu'elle avait fait, nous ne le savions pas. Elle était là, c'est tout. Ses enfants, un petit garçon et une petite fille, étaient tout jeunes. Un jour, on leur a donné quelque chose à manger ; de la nourriture droguée. Ils se sont endormis. On les a enterrés ainsi, encore vivants...

Manouzi refusera toujours de nous révéler de qui il s'agissait. Il nous apprendra simplement que cette femme était l'épouse d'un opposant marocain que le roi gardait en otage avec ses deux bambins.

Ces trois victimes innocentes sont ensevelies au niveau 1, non loin de la tête de Ben Barka et de la tombe de Boucheseiche.

Ainsi disparaissent dans l'anonymat, sans formalités ni même une prière, ceux qui, au Maroc, ont le malheur de déplaire à Sa Majesté Hassan ou à des sbires incontrôlés.

V
L'ÉVASION

L'été 1975 est brûlant. Dans nos cellules, nous étouffons. Notre régime de détention se relâche de plus en plus. Nous sommes, normalement, surveillés par quatre équipes de trois gardes chacune qui se relaient. Ces gardes, nous avons fini, en deux ans, par les connaître. J'ai dit que nous leur avons donné des surnoms : « L'Endormi », « Le Peureux », « Le Voyou », « Le Corbeau », etc. Eux se sont habitués à nous. Pour eux, tout en restant des prisonniers, nous faisons partie du décor, de leur vie quotidienne qui est aussi la nôtre. Pourtant, en ce début juillet 1975, leur attitude commence à nous déconcerter.

Ils se joignent de plus en plus souvent à notre groupe, se mêlent à nos parties de dames. On nous a de nouveau autorisés à nous promener tous les huit ensemble. On nous laisse déambuler dans la cour, parler entre nous sans contrainte. Les gardes ne semblent même plus craindre leurs supérieurs, pourtant très à cheval sur le règlement. L'idée qu'ils puissent nous surprendre dans la cour en dehors des heures de promenade ou tomber sur des portes de cellules grandes ouvertes ne les effraie en aucune façon. C'est bien ce qui intrigue Midhat. Ce relâchement ne lui paraît ni normal ni involontaire.

— Tout cela vient de haut, nous dit-il.

Il est même arrivé que le chef Moh, responsable du PF3, nous trouve dehors en train de jouer aux cartes sans que cela provoque chez lui la moindre réaction, la moindre protestation. En temps normal, les gardes auraient été punis, mutés, exécutés même. Mais là, tout semble aller pour le mieux dans la meilleure des prisons secrètes possibles.

Midhat n'a pas tort de penser qu'il se trame quelque chose. Mais quoi ? Nous nous contentons de profiter du moment présent, de cette bouffée d'air, de cette détente incompréhensible.

Nous nous retrouvons tous les huit assez fréquemment. On nous laisse le loisir de discuter longuement entre nous. À tour de rôle, nous nous racontons les films qui nous ont le plus marqués. Il y en a pour tous les goûts : westerns, policiers, comédies, drames, films d'aventures. Un soir, au début de juillet, Manouzi nous fait remarquer que nous avons abordé tous les thèmes cinématographiques, sauf celui de l'évasion. Il nous dit, tout excité :

— Puisque aucun d'entre nous n'a vu de film racontant une évasion, imaginons-le nous-mêmes. Et concevons la seule évasion qui nous soit chère : la nôtre.

Les militaires applaudissent. L'idée, visiblement, les enchante. Elle sourit moins à Midhat, qui flaire là-dessous quelque chose de louche. Mais le projet, insensiblement, prend corps, s'épaissit, se développe. Il ne s'agit plus d'évasion imaginaire, mais d'une vraie cavale. Les esprits des militaires s'échauffent. Ils échafaudent des plans dans les moindres détails, qu'ils nous soumettent tandis que les gardes, placides, traînent leur désœuvrement de l'autre côté de la cour, sans se soucier de ce que nous pouvons dire.

Pour nous, il ne s'agissait que d'un jeu. Mais il devient dangereux. Même si nous n'avons plus de nouvelles de

L'évasion

l'extérieur depuis la mutation de Moulay Ali Fakhim, nous espérons toujours. Souvent, le découragement nous prend. La tristesse s'insinue en nous sans crier gare, nous accable de longues heures. Mais l'espoir reste quand même le plus fort. Nous finirons bien par sortir de ce maudit PF3, par regagner « La Roseraie », où nous retrouverons notre mère, notre famille, ma compagne et ma fille Bérengère. Pourquoi irions-nous tout gâcher en nous évadant ? Ce serait une attitude stupide, suicidaire.

Suicidaire. C'est le mot. Pour Midhat, que Manouzi et les militaires sollicitent jusqu'à le harceler car, de nous trois, c'est celui qui connaît le mieux les environs de Rabat, où se trouve le PF3, qu'il a eu plusieurs fois l'occasion de prospecter avant notre enlèvement, il n'y a plus de doute possible : les gardes relâchent leur surveillance pour nous pousser à nous enfuir. Les militaires sont les ultimes témoins de la trahison de Dlimi à Skirat. Il ne reste à celui-ci qu'une seule solution s'il veut que le roi ignore toujours ce qu'il a manigancé : les éliminer.

Quelle plus belle occasion qu'une escapade ? Dans tous les pays totalitaires du monde, sous toutes les latitudes, un prisonnier qui fait la belle est abattu d'une balle dans le dos. Combien de combattants du FLN ont ainsi, pendant la guerre d'Algérie, trouvé officiellement la mort ? En liquidant les militaires, Dlimi réglerait définitivement son problème. D'autant qu'Ababou et ses amis ne le portent pas dans leur cœur. Akka, d'ailleurs, ne cesse de répéter :

— Si je sors d'ici, j'irai le flinguer.

La mort de « Tartuffe » ne nous ferait pas pleurer. Mais nous n'avons rien à voir dans le règlement de comptes entre Ababou, ses amis et lui. Nous ne sommes pas, comme on dit, des « politiques ». Nous ignorons pourquoi nous croupissons au PF3. Les militaires, eux, savent pourquoi on les a séparés de leurs autres camarades : ils connaissent tous les détails de la préparation du coup raté de Skirat, dont Dlimi était un des instigateurs. Eux vivants, il ne dormira jamais que d'un œil. Ils doivent donc mourir.

Et nous, pourtant ? N'avons-nous pas révélé à Hassan II que Dlimi projetait de le faire assassiner dans son propre palais ? Même si le roi l'a retourné, nous restons des témoins gênants, la preuve de sa félonie. Ne serait-il pas heureux de nous voir nous aussi allongés sur le ventre, fauchés par une rafale de pistolet-mitrailleur ?

Midhat n'en démord pas. « C'est un piège, nous dit-il. Ne nous laissons pas faire. Même s'ils ne se rendent compte de rien, Ababou et ses amis sont manipulés. » Conclusion que l'on pourrait traduire par : « Ils sont trop bêtes. » Nous aurons bientôt, pour notre malheur, l'occasion de nous en rendre compte.

Début juillet, le PF3 reçut la visite d'un civil énigmatique, élégant et distingué. Cet homme aux cheveux gris, âgé d'une cinquantaine d'années et vêtu avec recherche, devait être un personnage important. Car n'importe qui ne pénètre pas avec les honneurs dans l'enceinte du PF3.

Deux mois plus tôt, Bayazid avait été déplacé pour occuper la cellule 11. Ababou avait pris sa place dans la cellule 9. Je pus observer le visiteur à mon aise. Il ne pénétra pas dans la cellule d'Ababou. Il se contenta de parler à son interlocuteur à travers la lucarne de la porte coulissante. Il lui dit d'une voix neutre :

— Comment va ?

— Ça va, répondit Ababou.

Parlant de nous, l'élégant visiteur ajouta :

— Ces trois-là doivent partir. Quant à vous, vous allez rejoindre vos camarades à Tazmamart.

Je m'étais, moi aussi, posté contre la lucarne, comme chaque fois que j'entendais un bruit insolite. Le nom que le visiteur venait de prononcer m'était inconnu. L'homme se détourna de la cellule d'Ababou et se dirigea vers celle de l'adjudant-chef Akka. Tout le monde, sur son passage, se mettait au garde-à-vous. Sans doute appartenait-il à l'état-major. Il s'adressa à Akka en berbère.

— Comment ça va ?

— Ça pourrait aller mieux. Mais ça va, répondit Akka.

L'homme tint avec lui un conciliabule qui dura bien cinq minutes.

La visite de cet « officieux » mystérieux et courtois rendit les quatre militaires et Manouzi nerveux. Ils décidèrent brutalement de passer à l'action, de mettre leur plan à exécution. Un matin, en sortant des toilettes, Manouzi et le capitaine Chellat abordèrent Midhat.

— Tu vois le mur d'en face ? dit Chellat. Ce soir, nous l'escaladons.

Stupéfait, Midhat se tourne vers Manouzi, qui hoche la tête.

— C'est exact. Ce soir, nous partons.

Ababou a demandé à Chellat et Manouzi de nous mettre, Bayazid et moi, au courant de leur projet par l'intermédiaire de Midhat. Ils veulent que nous partions avec eux. La réponse de Midhat est très ferme. C'est non. Je suis son avis. Bayazid, lui, se montre moins catégorique. Même si le plan d'évasion des militaires lui paraît farfelu, il craint pour notre vie. Il est persuadé que si nous ne nous joignons pas aux fuyards, les gardes, après l'évasion d'Ababou et de ses camarades, nous passeront illico par les armes pour se justifier auprès de leurs supérieurs.

— Même si cela ne nous plaît pas, nous dit-il, il faut partir.

Midhat et moi essayons de convaincre les militaires de l'inanité de leur projet.

— Si nous acceptons de vous suivre, nous serons tous fusillés. Nous n'avons aucune chance de nous en tirer. Nous ne bénéficions d'aucun soutien extérieur. Pour s'évader, il faut avoir quelqu'un dehors. Y avez-vous songé ?

En bons militaires, ils n'ont songé à rien. Ils rêvent. Ils comptent se rendre dans le Rif.

— Là-bas, nous disent-ils, les gens nous aideront. Ils nous recueilleront.

Nous ricanons.

— Vous vous imaginez quoi ? Qu'ils vont se soulever pour vous couvrir ? Vous êtes fous.

Notre réaction les surprend et les vexe. Eux, les militaires, retrouvent leur vieux mépris pour les « civils » que nous sommes. Nos relations avec eux se détériorent brutalement. Plusieurs jours s'écoulent. Nous les croisons toujours dans la cour, sous l'œil goguenard des gardes. Mais ils se détournent, refusent de nous adresser la parole. Pour eux, nous sommes des « lâches ». Pour nous, ce sont des cons.

Les choses en sont là lorsque le colonel Ababou avoue à Midhat que lui et ses compagnons ont renoncé à leur projet, qu'il qualifie de « pure folie ».

— Tu avais raison. Nous n'avons aucune chance.

Midhat opine. Mais il n'est pas rassuré. Le « colonel, nous dit-il, n'est pas franc. Il cherche à nous endormir. »

Effectivement, nous remarquons chez nos cinq compagnons de détention une agitation suspecte. M'Zireg, qui passe son temps à s'amuser avec ses mains comme je passe le mien à aligner des mots, confectionne dans la cour, mine de rien, des tresses avec des lamelles découpées dans une couverture. Quant à ses amis, ils lavent leur linge. M'Zireg a renforcé ses sandales de plastique avec des morceaux de tissu. On dirait qu'il s'apprête à faire de la marche. Bref, tous s'affairent, exactement comme si on venait d'annoncer leur libération prochaine.

Nous sommes le 12 juillet. A quelques jours près, il y a deux ans que mes deux frères et moi vivotons au PF3. Nos gardes se montrent toujours aussi languides, aussi distraits. Ils ne sont que deux dans l'enceinte de la prison : Rachid Lahrach et Mahjoub Ouarbiya, dits « Le Corbeau » et « Le Voyou ». Ils ne ressemblent plus à des matons mais à des hôtes qui font tout ce qu'ils peuvent pour rendre notre villégiature agréable. Ils ne s'étonnent pas de voir nos camarades se raser de près, se faire propres comme s'ils s'apprêtaient à aller au bal. Ils préparent le thé que nous boirons en fin d'après-midi dans la cour, jouissant comme eux du soleil couchant et de la fraîcheur du soir.

Au moment de regagner nos cellules, alors que la nuit tombe, mes deux frères et moi entendons du chahut derrière nous. Nous nous retournons. Les militaires et Manouzi viennent de maîtriser « Le Corbeau » et « Le Voyou ». Ils les ligotent, les bâillonnent avec les lanières qu'ils ont découpées dans leurs couvertures.

Les deux hommes n'ont pas le temps de réagir. À moins qu'on leur ait donné l'ordre de n'opposer aucune résistance. Comme cela se passe toujours en période de vacances, ils ne sont que deux à assurer la permanence au PF3. Le troisième membre de leur équipe est en congé, chez lui, à Rabat. Le cuisinier, lui non plus, n'est pas là. Il ne reste jamais au PF3 le soir. Arrivé tôt le matin, il prépare le café, la tambouille du déjeuner et du dîner. À midi, il s'en va, regagne Rabat. Il est d'ailleurs étonnant de constater que ces hommes discrets et frustes gardent un silence absolu sur leurs activités. Rien n'a jamais transpiré de l'existence de prisons secrètes comme le PF3 ou le PF1. Les Marocains « informés » savaient simplement que certaines personnalités, militants syndicaux ou opposants politiques, ne passaient pas par les commissariats de police habituels, mais étaient enfermés dans des « villas ». Terme vague, dont la majorité de la population ignorait ce qu'il recouvrait.

Les deux gardes maîtrisés, tout va très vite. Les militaires les fourrent dans une cellule. Le colonel Ababou se précipite alors dans le poste de garde, à côté de la cuisine. Il en ressort avec deux mitraillettes, un porte-chargeur, six chargeurs garnis et les revolvers des deux gardes. Il garde une mitraillette et six chargeurs, confie l'autre mitraillette et le dernier chargeur à l'adjudant-chef Akka. L'aspirant M'Zireg et Manouzi prennent chacun un revolver.

Tous ont un baluchon. Ils se dirigent promptement vers nous et nous disent :

— On s'en va.

Ils ajoutent :

— Vous venez avec nous.

Nous répondons :

— Pas question.

Ils pointent leurs armes sur nous. Ils n'ont pas l'air de plaisanter. Que faire sinon obtempérer ? Nous les suivons. Tout en sachant que cette évasion est une pure folie, que Dlimi et ses sbires l'ont manigancée pour pouvoir nous liquider à leur aise, nous ne tenons pas à rester sur le carreau devant la porte de nos cellules, avec une balle au milieu du front. Les militaires et Manouzi ne veulent laisser personne derrière eux. S'il n'y a plus de gardes à l'intérieur de l'enceinte du PF3, il y en a à l'extérieur, autour de la villa. Ils ne tiennent pas à ce que nous les appelions pour donner l'alerte.

Ababou, redevenu autoritaire, nous ordonne de prendre dans la cuisine une petite table et de l'installer contre le mur d'enceinte. Dressés sur la pointe des pieds, nous couvrons avec une couverture les tessons de bouteille qui garnissent le sommet du haut mur. Ensuite, l'escalade commence. Je passe le premier, suivi de Manouzi, du colonel Ababou, du capitaine Chellat, de Bayazid, de Midhat et de M'Zireg. Akka, qui fait le guet, s'enfuira le dernier.

Au moment d'escalader le mur, Midhat remarque de la lumière dans certaines cellules. Il propose, par précaution, d'aller éteindre. Akka le saisit alors par le fond du pantalon et le jette sans ménagement de l'autre côté. Il chute lourdement sur le sol. Par miracle, il ne se casse rien. Paralysé par la peur, il reste étendu, sans bouger. L'aspirant M'Zireg l'aide à se relever et à marcher.

La nuit est tombée. Fort de son grade de colonel, Ababou prend d'office la direction des opérations. D'un geste du bras, il indique le sud et dit, très sûr de lui :

– Nous prendrons la direction du nord.

Je rétorque :

– Par là, c'est le sud. Le nord, c'est de l'autre côté.

– Non. Je suis ancien instructeur, je sais ce que je dis. Le nord, c'est là.

Il n'admet pas la moindre réplique. Il ajoute, péremptoire :

– Je suis colonel.

C'est justement ce qui me navre. Qu'un officier supérieur de l'armée marocaine ne soit pas capable de reconnaître les quatre points cardinaux me stupéfie. Un enfant de six ans ne se tromperait pas. Mais lui s'obstine : un officier a toujours raison. Je me hasarde quand même à lui suggérer de nous diriger vers Rabat.

– En ville, nous pourrons nous cacher...

– Négatif. Nous allons rejoindre nos tribus.

— Mais elles sont à sept cents kilomètres d'ici !

— Nous y arriverons. Là-bas, nous serons en sûreté, parmi les nôtres. Exécution.

C'est de la démence pure, de la bêtise à l'état brut. Le capitaine Chellat partage mon opinion. Lui, au moins, a les idées claires. Alors que nous avons commencé à marcher (que faire contre une mitraillette ?), il appelle Ababou, lui montre la direction de Rabat.

— Il faut partir par là !

— Négatif, répète l'intraitable colonel.

Chellat répond :

— Faites ce que vous voulez. Moi, je m'en vais de mon côté.

Il se détourne, disparaît à travers les jardins de la villa. Bien sûr, il a raison. Mais la chance n'est pas avec lui. Il sera le premier à être repris, à l'aube, à l'entrée de la ville.

Nous marchons. Les militaires et Manouzi avancent trop vite pour nous. Ils sont équipés, ils ont enfilé de bonnes chaussures. Pris au dépourvu, nous n'avons que celles que nous portions lorsqu'ils nous ont menacés de leurs armes. Bayazid, qui s'est blessé avec un tesson de bouteille en escaladant le mur d'enceinte, porte comme moi des chaussons en matière plastique. Il avance avec peine. Asthmatique, Midhat se déplace lui aussi très difficilement. Il donne quand même à son frère les chaussures qu'il avait sur lui lors de notre enlèvement et qu'à l'inverse de Bayazid et moi il a préservées, ne les utilisant jamais au PF3.

Il enfile les pantoufles de Bayazid. La cavale reprend. Elle durera toute la nuit, à travers champs. Nous pressons le pas pour ne pas perdre les militaires. Akka n'est plus avec nous. Marchant à une allure inimaginable, il a pris une avance que personne ne rattrapera. Sa fuite, bien plus longue que la nôtre, durera onze jours.

L'évasion

Dans la précipitation, Midhat perd un de ses chaussons. Il est au bord de l'effondrement. Un seul de ses poumons fonctionne. Je lui passe mes pantoufles, déjà en piteux état. Quant à moi, je me retrouve pieds nus. Je ferai ainsi dix-huit kilomètres, les pieds en sang, persuadé que nous serons repris dès le lever du jour, que nous vivons, tous, notre dernière nuit.

— Nous n'avons aucune chance, dis-je à Ababou. Ils vont lancer les chiens à nos trousses, survoler la région en hélicoptère, envoyer l'armée, la gendarmerie. Ils vont nous descendre tous.

Je me souviens de sa voix stupide qui clamait, dans la fraîcheur de la nuit, au milieu des halètements de nos compagnons :

— Négatif !

J'avais le sentiment de marcher à l'abattoir.

L'horizon s'éclaire à peine lorsque nous percevons, lointain tout d'abord, puis de plus en plus menaçant, un bruit de moteur reconnaissable entre tous. Nous marchons de plus en plus difficilement. Nos poursuivants n'auront aucun mal à nous rattraper, d'autant que nous abordons un endroit découvert. Je dis à Ababou :

— Sais-tu ce que cela signifie ? La fin de notre cavale.
— C'est un camion, répond-il.

Je n'ai jamais fait de stage dans l'armée marocaine. Mais je n'ai jamais vu de camion voler dans les airs. Je réplique :

— C'est un hélicoptère.

Inquiet, tout d'un coup, Ababou ne perd pas pour autant sa superbe.

— Nous nous cacherons dans la forêt de Mamora !
— Nous n'en prenons pas le chemin ! La forêt de Mamora s'étend du nord à l'est. Or, nous allons vers le sud !

Fidèle à son habitude, Ababou secoue la tête. Un officier ne se trompe jamais. Il préférerait se faire tuer sur place plutôt que d'admettre son erreur, qui risque bien de nous coûter la vie.

La douceur de l'aurore ne dure pas. Le jour à peine levé,

le soleil frappe. J'en profite pour demande à M'Zireg de me prêter un tee-shirt blanc qu'il a emmené avec lui.

— J'ai la tête fragile, lui dis-je. Je crains la chaleur.

Il me tend le tee-shirt. Je le pose sur ma tête, en espérant que sa couleur ne passera pas inaperçue. Nos poursuivants n'ignorent pas que les militaires en fuite sont armés. Leur premier réflexe, lorsqu'ils tomberont sur nous, sera de nous abattre. Comprendront-ils mon signal ? J'ai eu l'occasion, depuis hier soir, de me faire une piètre opinion des soldats de métier. Mais les occupants de l'hélicoptère sont peut-être moins stupides qu'Ababou et M'Zireg, qui m'a prêté son tee-shirt en toute candeur, sans deviner mon intention. Dans toutes les armées du monde, ceux qui veulent se rendre agitent un drapeau blanc. Quitte à être repris, mieux vaut l'être vivants.

Nous avons franchi le terrain découvert. Nous arrivons en vue d'un verger planté de pruniers et bordé d'un champ de maïs attenant à une ferme. Des eucalyptus longent le champ.

Epuisé, Midhat s'affale sur le ventre, dans une allée de maïs. Il s'endort aussitôt. Bayazid, souffrant depuis un an d'une hernie qui ne sera soignée que seize années plus tard, ne vaut guère mieux. Il trouve quand même la force, comme M'Zireg et moi, de grimper dans un prunier. Ababou se cache lui aussi dans le verger. Quant à Manouzi, il a disparu au cours de la nuit. Marchant beaucoup plus vite que nous, il nous a laissés loin derrière lui.

L'attente commence. Les heures passent. Nous n'avons aucune chance de nous en sortir. Une seule question, en ce matin du 13 juillet 1975, se pose : va-t-on nous abattre sur place ou nous reprendre vivants pour nous tuer plus tard ?

Nous savons que nos poursuivants sont là, embusqués, guettant l'ordre d'assaut. Il fait chaud ; nous avons la gorge sèche. Nous n'avons rien bu depuis notre évasion. Tout d'un coup, vers 2 heures de l'après-midi, nous retenons notre souffle. Un seau à la main, une petite fille venue de la ferme passe tout près de nous, insouciante et gaie, image même de l'innocence. Elle longe le champ de maïs jusqu'au puits. Elle fait ensuite le chemin en sens inverse, repasse devant nous. Descendant de mon prunier en compagnie de M'Zireg, je décide de l'aborder, de lui demander de l'eau.

Bien sûr, je meurs de soif. Mais je veux avant tout tester les réactions de nos poursuivants, les forcer, si possible, à nous capturer vivants. Même s'ils nous aperçoivent, je ne pense pas qu'ils prendront le risque de blesser ou de tuer la petite fille en nous tirant dessus.

Je comprends aussitôt qu'on nous a tendu un piège. Le seau de la petite fille est vide. Elle s'enfuit à toutes jambes sans prononcer une parole. Et c'est la curée. Des gendarmes, des soldats et des civils armés de gourdins surgissent de partout. Ils nous encerclent, nous bousculent, nous frappent. Les civils, des paysans à qui on a sans doute raconté que nous étions de dangereux criminels, des espions et des traîtres à la solde de la Libye et d'autres pays ennemis de notre bien-aimé Maroc et de son vertueux souverain, se montrent les plus acharnés. Gourdins, coups de crosse, cris, invectives. Je m'accroupis, les mains sur la tête pour éviter les coups qui s'abattent sur Ababou, sur M'Zireg, sur mes frères. Les officiers beuglent des ordres. Pointant son arme sur moi, un soldat triomphant hurle :

— Le voilà, celui qui parle égyptien !

Je ne vois pas ce qu'on a pu lui seriner à mon sujet. Les soldats ne sont pas là pour penser mais pour obéir et croire aveuglément les explications qu'on leur débite avant de les envoyer à l'assaut. Celui qui me tient en joue fait peut-être allusion à la liste des pays membres de l'Organisation de l'unité africaine (OUA), liste qui commençait par la Libye et l'Égypte, et que nous avons un jour dressée au PF3 en présence d'Ababou et de ses amis pour nous rafraîchir la mémoire et tromper notre ennui. En tout cas, il persiste et, tout excité, crie de plus belle :

— C'est lui, celui qui parle égyptien !

Il répétera cette phrase au moins dix fois dans la fourgonnette où on nous pousse sans ménagement. Nous reconnaissons, à la radio, une voix tristement familière : la voix du roi.

Sa Majesté semble contrariée. Son ton, impérieux et exaspéré, s'en ressent. Je doute fort qu'Elle sache que notre évasion a été provoquée par Dlimi. Mais Hassan tient à nous rattraper. Il dirige en personne les opérations, depuis son quartier général installé non loin du lieu de notre capture. C'est là, d'ailleurs, devant sa tente, qu'Akka, onze jours plus tard, sera abattu sous ses yeux par Dlimi.

Pour l'heure, il s'impatiente. Au soldat qui répète : « J'ai celui qui parle égyptien, celui qui se dirigeait vers la Libye », il répond sèchement :

— Avez-vous repris les frères Bourequat ?

J'entends distinctement ce qu'il dit. Je ne comprends pas cette obsession, cet acharnement. Pourquoi tient-il tant à nous avoir vivants ? Trois balles ne suffiraient-elles pas à le libérer de son souci ?

Toujours aussi stupide, le soldat répète :

— J'ai celui qui parle égyptien !

Hassan, excédé, martèle :

— Répondez aux questions : avez-vous repris les frères Bourequat ?

L'homme, alors, comprend. Il se tourne vers nous et demande :

— Ton nom ?

— Ali Bourequat.

— Et toi ?
— Midhat Bourequat.
— Et toi ?
— Bayazid Bourequat.
Le soldat sourit. Il dit à Hassan :
— Nous les tenons !

Sans un mot, le roi coupe la communication. Un autre interlocuteur prend sa place. Le convoi s'ébranle. Il ne s'agit pas d'une petite expédition. On dirait qu'on a mobilisé, pour capturer cinq malheureux fuyards, l'élite de l'armée marocaine. Camions, véhicules blindés démarrent sous les quolibets et les insultes des paysans, ravis d'avoir contribué à l'arrestation de dangereux criminels. Quant à la petite fille au seau vide, je ne l'ai pas revue. Sans doute s'amuse-t-elle dans la cour de la ferme, ravie du rôle inhabituel qu'on lui a fait jouer et qu'elle racontera longtemps à ses camarades d'école.

Deux heures plus tard, la fourgonnette freine dans la cour du PF3, devant les cuisines. J'ai le nez en sang. Dès notre capture, un gendarme m'a projeté à terre en m'administrant un violent coup de pied au visage. Jamais je n'ai vu autant de monde dans la cour. Toute la « crème » du Maroc est là : Dlimi, bien sûr, en civil comme tous les autres ; le général Moulay Hafid, ministre de la Maison royale, celui-là même qui m'a interrogé il y a trois ans, il y a trois siècles, sur le gisement de marbre que convoitait Dlimi, Driss Basri, aujourd'hui, en 1993, ministre de l'Intérieur de Sa Majesté et pour l'heure directeur de la DST, son adjoint Houcine Jamil, le commandant de la gendarmerie royale, le colonel Housni Benslimane, Rabii, directeur général de la Sûreté nationale, Ali Belkacem, chef de la police de Rabat. Personne ne manque à l'appel. Tous ceux qui, sous la férule de leur maître Hassan, dirigent le Maroc, sont là. Ils nous regardent descendre de la fourgonnette. On nous enferme dans nos cellules. Il est environ 5 heures du soir. Après la nuit de cavale, avec ses parfums et son angoisse, une nouvelle nuit nous attend, semblable à toutes celles que nous avons vécues depuis plus de deux ans : la cellule, le mur nu, la couverture militaire en guise de lit. Résignés, nous le sommes. L'espoir n'est qu'un leurre, une illusion. Je me prépare, durant ces longues heures, à l'inéluctable : la balle dans la nuque.

14 juillet, fête nationale française : « Bastille Day », comme disent les Anglo-Saxons. Le jour se lève. La routine : le café, la solitude. Retrouvant mes vieilles habitudes, je me colle contre la porte et j'observe, à travers les trous de vis de la lucarne, la cour du PF3. Tout d'un coup, je vacille, tout comme Hassan lorsque, deux ans plus tôt, je lui ai révélé, dans le patio de la clinique privée du palais, l'existence du complot fomenté par Dlimi et qui aurait dû, pour de bon, mettre un terme à son règne.

Près des toilettes, juste avant l'escalier qui mène à la cellule « 1 », occupée jadis par Dubail puis Manouzi, une femme marche, un verre à la main. Cette femme, c'est ma mère. Le verre qu'elle tient dans sa paume contient sans doute son appareil dentaire. En une seconde, le monde se dérobe sous mes pieds. Je voudrais crier, appeler. Que lui ont-ils fait ? Pourquoi est-elle là, parmi ces gardes bornés et cruels ? Jamais je n'aurais imaginé de la part de notre « cousin le Nègre » un comportement aussi monstrueux, aussi vil. Je sais qu'il s'agit, chez les Alaouites, d'une « tradition » : quand un prisonnier s'évade, on arrête sa famille, qu'on garde en otage. Hassan II respecte cette coutume ; mais il l'affine, la rend plus « subtile ». J'apprendrai plus tard que ma mère, arrêtée le matin même de notre évasion dans la nouvelle maison qu'elle occupe à Rabat, a été attachée avec du fil de fer et sauvagement battue. Ainsi Hassan remercie-t-il sa cousine.

Ma sœur, elle non plus, ne lui a pas échappé. Quatre jours plus tard, quelqu'un frappe violemment contre la porte de la cellule « 6 ». Un garde s'approche et dit :

— On ne doit pas faire de bruit.

Une voix répond :

— Il faut que j'aille aux toilettes.

Cette voix, je la reconnais tout de suite. C'est celle de Khadija, ma sœur.

L'horreur, au cours de ces quatre jours, est allée crescendo.

Trois jours après avoir été repris, nous sommes, mes frères et moi, emmenés, allongés à plat ventre dans une fourgonnette, les yeux bandés et les mains liées derrière le dos par des menottes. Nous roulons très longtemps avant d'arriver devant une villa où l'on nous introduit un par un. Je passe le premier. Quelqu'un que je ne vois pas vient me chercher, me fait entrer dans le salon. Il me libère de mes menottes et du bandeau. Je me retrouve en face du général Moulay Hafid et du colonel Housni Benslimane, qui me disent :

— Le colonel Dlimi sera bientôt là.

L'un des deux ajoute :

— Qui, au PF3, l'a surnommé « le Tartuffe » ?

— C'est moi.

Dlimi fait son entrée. Je me souviens encore de son regard sur moi, de sa voix. Il m'interroge sur l'évasion qu'il a lui-même favorisée, me pose des questions insidieuses, insistantes. Je réponds ce que je sais, sans plus. Moulay Hafid devient rouge. Il hurle :

— Ce plan criminel que les militaires ont préparé, tu y as participé ! Toi et tes deux frères, vous êtes partis avec eux !

Je connais par expérience les interrogatoires des autorités marocaines. Comme dans tous les régimes totalitaires, lorsqu'on vous dit : « Vous avez voulu faire sauter la planète pour nuire à notre souverain bien-aimé », il faut répondre : « Oui. » Les sbires de Staline et de Hitler n'agissaient pas autrement. Cette fois, pourtant, je martèle simplement la vérité.

— Si ces hommes ont mis au point un plan criminel, nous l'ignorions. Ils nous ont forcés à nous enfuir avec eux.

Les militaires, Ababou en tête, l'ont, paraît-il, reconnu. Je me tourne vers Dlimi, qui me répond avec sa courtoisie coutumière :

— Tu t'es mis tout seul dans la merde. Maintenant, débrouille-toi.

Je sors. Vient le tour de Bayazid, à qui on n'enlèvera pas son bandeau. Mais il reconnaîtra les voix des trois officiers supérieurs. Pendant ce temps, Midhat, le dernier, attend dans la fourgonnette.

L'interrogatoire terminé, on nous ramène au PF3. La cour est toujours pleine de monde. Il est loin, le temps où nous jouions aux dames sous l'œil goguenard et bienveillant de nos gardes. Cette intimité étrange n'est plus qu'un souvenir. Plusieurs centaines de policiers entourent la villa et le PF3. Sous leur surveillance, on organise une reconstitution de notre évasion. Seuls Bayazid et le colonel Ababou sont invités à y prendre part.

Les représailles ont commencé. Dans la cellule « 3 », Moulay Ali Fakhim, le garde qui a servi d'intermédiaire entre ma mère et nous avant d'être muté à la maison Mokri sur dénonciation de notre beau-frère Ali el-Yacoubi, a été torturé par Houcine Jamil, directeur adjoint de Basri à la

DST. Jamil lui fait subir le supplice de la bassine, qui consiste à remplir d'eau une bassine métallique et à noyer la tête de la victime, attachée sur un banc que les tortionnaires basculent. Pendant que la tête est plongée dans l'eau, les tortionnaires frappent la bassine à coups de gourdin. Jamais je n'oublierai les cris de Moulay Ali jurant qu'il n'est pour rien dans notre évasion. Sans doute est-ce pour que nous l'entendions hurler qu'on le torture dans la cellule 3 et non dans la villa.

Il ne s'agit que d'un début, d'un hors-d'œuvre.

Le 17 juillet au soir, grand remue-ménage dans la cour. Des dizaines d'individus parlent en même temps. Soudain, un coup de feu claque. Je me lève d'un bond, me plaquant contre la lucarne. Je scrute la cour par le petit trou de vis. Un homme vient d'être abattu. Il est grand, corpulent. Je reconnais sa djellaba. C'est Moulay Ali Fakhim.

La cour, gardée par des gendarmes en treillis qui ont pris position en face de la salle de douches, est encore une fois pleine de monde, comme le jour de notre capture. J'aperçois le colonel Dlimi, le colonel Benslimane, commandant la gendarmerie, le général Moulay Hafid, Houcine Jamil, les commissaires Ben Mansour et Ben Cherif, qui m'ont torturé deux ans plus tôt, le capitaine Fadoul et plusieurs hommes en civil mais armés. Ils attendent la prochaine exécution.

On amène dans la cour le colonel Ababou. Il a un bâillon sur la bouche, un bandeau sur les yeux et des menottes dans le dos. Aassou, un des gardes, le soutient. Il l'entraîne vers le terre-plein situé devant les toilettes, le force à s'agenouiller. Un colosse vêtu d'une chemise et d'un pantalon s'avance vers lui, un revolver à la main, et lui tire une balle dans la nuque. Ababou est projeté en avant. Deux autres gardes, Hamou Ben Othmane et Ali Agherbi, se précipitent, traînent le cadavre un peu plus loin.

Dix-huit ans de solitude

On amène ensuite le capitaine Chellat et l'aspirant M'Zireg. Chellat, résigné, se laisse conduire et meurt sans une plainte. M'Zireg, lui, se débat comme un lion, hurle à travers son bâillon. Il faudra trois hommes pour le maîtriser, l'allonger sur le ventre et le maintenir, le temps de lui tirer une balle dans la nuque.

Deux gardes s'approchent alors de ma cellule. J'ai juste le temps de reculer pour ne pas être aperçu. Je me couche en chien de fusil sur ma couverture, face au mur.

J'entends un dernier coup de feu, puis la voix de Dlimi, qui crie :

— Lâche-moi, lâche-moi ! Regarde ma chemise : elle est toute tachée du sang de Rachid !

Rachid est le prénom d'un des deux gardes que les militaires ligotèrent le soir de l'évasion.

Suit un moment de silence, très vite rompu par un poste de radio branché à fond. Le prince héritier prononce un discours à l'occasion de la sortie de la promotion de l'école de gendarmerie de Marrakech. Sa voix ne parvient pas à couvrir le bruit sourd, rythmé, de la pioche et de la pelle.

Comment dormir ? J'attends mon tour, tout simplement. Mais rien ne se produit. Le lendemain, aux toilettes, une fois enfermé dans les W.-C., je jette furtivement un regard par le judas. Je remarque qu'on a planté sur le terre-plein des germes de menthe avant de l'arroser copieusement. Ainsi dissimule-t-on la fosse commune où ont été ensevelis les exécutés de la veille.

Notre cavale forcée s'est terminée en hécatombe. Quatre hommes sommairement abattus et enterrés à la sauvette, sans la moindre cérémonie. Ma mère et ma sœur arrêtées, notre famille décimée. Et tout cela POUR RIEN.

Dès lors, Bayazid, Midhat et moi allons chacun avoir deux compagnes tendres, délicates et discrètes : les menottes, qui ne nous quitteront pas pendant quatre ans. Telle est la punition imaginée par Hassan pour nous faire payer notre tentative d'évasion.

Les années s'écouleront, longues, monotones, avec leur lot d'inquiétude et d'ennui, d'espérances déçues, de tristesse, d'abattement. Nous ne moisirons pas au PF3, d'où l'on peut, pensent les autorités, s'évader si facilement. La police parallèle se défait de nous et nous confie à la gendarmerie royale, du moins à un groupe particulier de gendarmes triés sur le volet, la « mission Florence », commandée par le capitaine Fadoul, petit homme noiraud, trapu, qui adore se déguiser et arbore parfois d'impressionnantes casquettes de base-ball.

La « mission Florence » supervise toutes les prisons secrètes du Maroc, notamment celles qui se trouvent dans des casernes, comme le bagne de Tazmamart. Le lieutenant Adidou, à qui on nous remet à la fin du mois de juillet 1975, est un subordonné direct du capitaine Fadoul. Il commande l'état-major de région de la gendarmerie de Rabat. Comme toutes les gendarmeries, aussi bien au Maroc

Dix-huit ans de solitude

qu'en France, cet état-major, situé au Souissi, le quartier résidentiel où nous vivions jadis, est constitué de bureaux qu'on a aménagés spécialement pour nous : un lit de camp dans chaque pièce. Nous restons là quinze jours, chacun dans une cellule. Pendant notre séjour, cet état-major ne fonctionnera pas et nous ne verrons que nos gardes. Ils ne nous diront pas que notre mère et notre sœur sont là elles aussi, à quelques mètres de nous.

Le 15 août, on nous transfère au camp de Choukhmane, un camp de la compagnie mobile de la gendarmerie, en plein Rabat, sur la route de Casablanca. Un mur d'enceinte protège des regards indiscrets la cour, les toilettes et, tout au fond, un bâtiment recouvert de tôle ondulée. Ce bâtiment comprend deux pièces : une grande et une petite. On nous enferme, mes deux frères et moi, dans la grande. Dans la petite, on interne ma mère et ma sœur.

C'est là que le capitaine Fadoul nous fait subir le châtiment imaginé par le roi : quinze jours couchés sur le côté, sans bouger, menottes aux poignets et bandeau serré à double tour sur les yeux.

Nous n'avons pas le droit de marcher. On nous soulève pour nous emmener aux toilettes, dont la porte reste ouverte. Nous faisons nos besoins sous la surveillance d'un garde armé.

La « punition » effectuée, on nous enlève notre bandeau, mais pas les menottes, que nous garderons jusqu'au 19 décembre 1979.

Le temps passe encore, morne, interminable. Mes frères et moi nous distrayons comme nous pouvons. Nous parlons, nous nous racontons des histoires, nous évoquons le passé. La pièce où nous nous trouvons à une fenêtre donnant sur la cour. Celle où l'on a enfermé ma mère et ma sœur n'en a pas. Lorsqu'elles sortent dans la cour pour aller aux toilettes, les gardes tirent le rideau de notre fenêtre pour nous empêcher de les voir.

Pourtant, ce sont quand même des hommes, avec un cœur. Un jour, ils pénètrent dans notre cellule et nous disent :

— Venez voir votre mère.

Ils nous accompagnent dans la petite pièce. Ma mère et ma sœur sont là, les mains libres. Nous avons toujours nos menottes. Ma mère tremble. Le spectacle de ses trois fils aux poignets liés comme des bagnards la marque profondément. Elle nous raconte son arrestation, le matin même de notre évasion, dans la nouvelle maison qu'elle occupait à Rabat depuis qu'elle avait quitté « La Roseraie ». Le souvenir de ce qu'elle a subi la hante. Sa voix se noue à mesure qu'elle nous détaille la façon dont Houcine Jamil, directeur adjoint de la DST, l'a attachée avec un fil de fer avant de la frapper avec sauvagerie, l'accusant pour la forme d'avoir organisé notre évasion. Qu'on puisse ainsi s'acharner sur une femme âgée et fatiguée dépasse l'entendement. Si Hassan II est aujourd'hui encore bien calé sur son trône, à qui le doit-il sinon à cette femme qu'il a fait fouetter et emprisonner ? J'aurais pu, une fois libre, passer sur bien des choses, essayer de tourner la page. Mais ce sadisme-là, je ne le pardonnerai jamais.

Nous ne restons que peu de temps avec notre mère et notre sœur. Les gendarmes, qui ont pris de leur propre initiative le risque de désobéir aux consignes, nous ramènent dans notre cellule avant que nous ayons eu le temps de tout nous dire. Ma mère m'a donné des nouvelles de Bérengère, ma fille.

— Tout va bien pour elle, m'a-t-elle dit.

Elle m'a rassuré. Ce qui m'inquiète, par contre, c'est sa propre santé, les séquelles du traitement qu'on lui a infligé.

De notre côté, nous nous sommes efforcés de la tranquilliser.

— Tout se passera bien, lui avons-nous affirmé. Bientôt, nous sortirons d'ici.

Que dire d'autre que ces pauvres mots auxquels personne ne croit, ces pieux mensonges impuissants à panser une plaie à vif, à conjurer un sort injuste, incompréhensible ? Ces mots, nous les lui répéterons une autre fois. Nos gardes, les accompagnant vers les toilettes, laisseront sciemment le rideau de notre fenêtre ouvert. Nous pourrons de nouveau lui parler très vite, l'encourager, lui sourire.

Nous ne la reverrons plus. Elle et ma sœur sont, un après-midi de décembre 1975, emmenées vers une destination inconnue. Nous n'aurons de nouvelles d'elles que seize ans plus tard, le soir de notre libération. Nous apprendrons que ma mère a regagné sa maison de Rabat, après seize mois de détention qu'elle a vécus constamment sous surveillance, victime de tracasseries multiples. Notre beau-frère, le traître qui a dénoncé Moulay Ali Fakhim — dénonciation qui a abouti à son assassinat, nous racontera qu'elle est tombée malade en 1984.

— Un cancer, précisera-t-il.

Il nous fera une révélation stupéfiante. Il nous dira :

— Elle a été opérée sur les conseils du médecin particulier du roi. Et puis elle est morte.

Pourquoi le médecin particulier du roi ? Qu'avait-il à voir avec ma mère ? Voulait-on la sauver ou, au contraire, hâter sa fin ? Est-elle vraiment morte d'un cancer ? L'a-t-on tuée, elle aussi, comme tant d'autres ?

Un mystère de plus. Et une douleur qui, jamais, ne s'estompera.

L'évasion

L'interlude s'éternise. Le 2 septembre 1976, nous changeons de nouveau de lieu de villégiature. On nous transfère, menottes aux poignets, à l'état-major général de la gendarmerie de Rabat, composé de deux bâtiments. On nous enferme au rez-de-chaussée du bâtiment le plus petit, dans une grande cellule de dix mètres sur dix, juste en dessous du service des transmissions, situé au premier étage. Nous entendons distinctement tous les messages lancés par les gendarmes. Le reste du temps, les bruits de la ville nous environnent et nous assaillent, comme autant de tentations, de frustrations et de regrets.

Deux petites pièces entourent notre cellule : l'une sert de cuisine ; dans l'autre dort un des gardes chargés de notre surveillance. Cette surveillance ne se relâche pas une seconde : un gendarme dans la cellule, un autre dans la cour et un troisième devant la porte métallique de la cour, à l'extérieur. En ce qui concerne l'ordinaire, nous dépendons de la compagnie du quartier général de l'état-major, commandée par le lieutenant Ahmed Malek, secondé par l'adjudant-chef Layli. Mais nous relevons toujours de la « mission Florence » et du capitaine Fadoul.

L'ennui, toujours, les heures, les semaines, les mois qui se succèdent, avec parfois des rappels brutaux, comme en ce jour de 1978 où nous parviennent, du premier étage, les hurlements d'un homme torturé. Nous apprendrons plus tard qu'il s'agit d'un commandant de gendarmerie impliqué dans une affaire de drogue. Alors qu'il quittait le port d'el-Hoceima, un bateau battant pavillon américain, repéré et pris en chasse par les garde-côtes espagnols, décida de rebrousser chemin et de revenir à son point de départ. Averties de ce retour, les autorités marocaines arrêtèrent le commandant du bateau et tous les membres de l'équipage. L'enquête qui s'ensuivit aboutit à l'inculpation du commandant de la région de gendarmerie d'el-Hoceima, de plusieurs autres officiers de gendarmerie, du gouverneur de Fès – un cousin du roi – et de hauts fonctionnaires. Le bateau transportait plusieurs tonnes de hasch en plaques. La cargaison devait gagner l'Italie. Il ne s'agissait pas d'une livraison « régulière », mais d'une expédition parallèle montée pour le compte du colonel Dlimi et du commandant en chef de la gendarmerie, qui doublaient ainsi leur royal patron. Maîtres de l'enquête, ils firent bien sûr porter le chapeau à leurs subordonnés, dont ce commandant qui hurlait au-dessus de nos têtes.

On peut torturer un homme et s'arranger ensuite avec lui. Assuré de n'écoper, tout comme un lieutenant compromis lui aussi dans l'affaire, que d'une peine de pure forme, il accepta de se taire. Il passa quand même cinq ans en prison, laissant Dlimi libre de continuer à s'enrichir.

Le temps s'écoule encore, avec la monotonie obsédante d'un robinet qui goutte ou d'un réveil dont le bruit ralentit petit à petit, jusqu'à s'éteindre. 1976, 1977, 1978, 1979... Nous avons passé toutes ces années les menottes aux poignets jusqu'au 19 décembre 1979, jour béni entre tous. J'ai de bonnes raisons de m'en souvenir. Je fêtais, ce jour-là, mon quarante-deuxième anniversaire. Notre régime s'était un peu adouci. Nous prenions le soleil dans la courette : un soleil radieux, comme il peut l'être en hiver. Le lieutenant Malek s'avança vers nous, se pencha et nous enleva nos menottes. Jamais je n'oublierai la sensation de délivrance qui me fit frissonner, cette certitude que quelque chose, enfin, allait se produire.

On ne nous détrompa pas. Nos conditions de détention changèrent subitement. On nous apporta de la lecture, des romans, des mots croisés. On nous donna des cigarettes, de la nourriture que nous cuisinions nous-mêmes, sur un réchaud. Cherchait-on à mieux nous tromper, à nous donner de faux espoirs ? S'agissait-il d'un raffinement supplémentaire, d'un sadisme de plus en plus subtil ? On nous fit écrire plusieurs lettres, des demandes de grâce. Le lieutenant Malek parlait avec nous, venait nous voir dans notre grande cellule. Parfois, le médecin l'accompagnait. On semblait se soucier beaucoup de notre santé, de notre moral.

– Sa Majesté, nous disait-on, tient beaucoup à ce que vous soyez bien traités.

Nous demandions :

– Allons-nous un jour sortir d'ici ?

– Bientôt, répondait Malek. Très bientôt...

Nous finissions par y croire. Nous pensions que la fin de notre cauchemar approchait. En fait, il n'avait pas encore commencé.

En mars 1981, deux mois avant la fin du règne de Giscard d'Estaing, grand ami du roi et propriétaire au Maroc, à l'époque, d'une ferme de deux mille hectares accolée à l'un des domaines de Hassan, le lieutenant Malek, flanqué de son adjoint l'adjudant-chef Layli, nous dit :

– Un officier supérieur va vous rendre visite.

Il ne nous donne pas de date. Mais cette visite doit être imminente. Notre cœur bat. Enfin, nous respirons. Comment pourrions-nous imaginer ce qui va suivre ?

Trois jours plus tard, l'officier supérieur en question arrive. Il s'agit en fait du capitaine Fadoul, chef de la « mission Florence », devenu commandant. Il est 4 heures du matin. Des hommes en civil pénètrent dans notre cellule. Ils nous mettent des menottes, des tampons de coton sur les yeux, un bandeau, une cagoule. Ils nous poussent sans ménagement à l'extérieur, nous jettent au fond d'une fourgonnette.

Nous roulons longtemps avant de monter dans un hélicoptère. Après environ une heure de vol, nous nous retrouvons dans une autre fourgonnette qui crapahute sur une piste. Au moins deux heures plus tard, le véhicule s'immobilise. Nous attendons un bref instant avant de descendre sur l'injonction de gardes qui nous font marcher dans un couloir. Un homme me tient par le bras. D'une pression des doigts, il m'ordonne de m'arrêter. Il m'enlève les menottes, la cagoule et le bandeau. Je découvre une double porte métallique, un trou noir. Le garde me pousse, referme la porte avec violence. J'entends le bruit sourd de deux loquets, le claquement sec d'un cadenas.

Je m'immobilise un instant, hébété, respirant une odeur fétide qui me prend à la gorge. Je ne vois rien. Je m'avance à tâtons dans l'obscurité. Je ne distingue même pas mes mains. Je m'avance encore. Je devine, dans un coin de la cellule, un trou qui sert de toilettes. Je m'assieds sur une dalle de béton de cinquante-cinq centimètres de haut et de quatre-vingts centimètres de large : le « lit ».

Je suis là, entre quatre murs de quarante centimètres d'épaisseur, seul dans ce qui n'est pas une cellule, mais un sarcophage. Je comprends que cette solitude, cette obscurité, cette saleté vont désormais être mes seules compagnes. On m'a mis là, dans ce trou, pour que je meure.

Bien plus tard, une voix venue de très loin, une voix caverneuse qui semble sortir d'un puits, une voix d'outre-tombe s'exclame :

— Mes frères, nous sommes les condamnés de Skirat et de Kenitra. Et vous, qui êtes-vous ?

La voix répète, comme en écho :

— Qui êtes-vous ? Qui êtes-vous ?

L'évasion

Puis :

— Mes frères, vous êtes ici à Tazmamart, où il n'y a ni pitié, ni miséricorde.

Je ne réponds pas. Je ne peux pas. Mon hébétude, mon abattement, mon désespoir sont trop profonds. Midhat et Bayazid, terrés eux aussi au fond de leur tombeau, ne disent rien. Et la voix reprend, inlassable :

— Qui êtes-vous ? Qui êtes-vous ?

Les mots résonnent dans ma tête, me glacent jusqu'aux os :

— Tazmamart... Ni pitié, ni miséricorde...

Nous ne répondons toujours pas. Notre silence va durer quinze jours.

VI
TAZMAMART

Comment raconter dix ans d'enfermement dans le noir, la puanteur, la crasse et les excréments, dix ans dans un trou où grouillent des milliers de cafards, des scorpions et parfois des serpents, dix ans de solitude passés à compter les heures, dix années d'abjection, de délabrement physique et moral, dix ans d'enfer dont le souvenir me hante chaque jour, avec son cortège d'horreurs, ses cris, ses plaintes, ses hurlements que seuls le vent et le chahut des crapauds parvenaient à couvrir ? Comment raconter dix années d'agonie, en faire partager l'abomination, l'insondable cruauté ?

Pourtant, il le faut. Il faut raviver la plaie, extirper les images que j'aimerais enfouir au plus profond de moi, réentendre les voix, ressusciter les morts. Je dois le faire pour témoigner, pour que le monde sache. Rien ne doit sombrer dans l'oubli. Tout doit être étalé, mis à plat, révélé au grand jour. Car rien de ce qui s'est produit pendant ces dix années ne sera pardonné, ne peut être pardonné.

Toute chronologie est impossible. Les jours, les nuits, les jours... Comment découper cela ? Nous n'avions conscience du temps que grâce à la lueur minuscule qui filtrait dès le matin par les quatorze petits trous percés à deux mètres de hauteur dans le mur de chaque cellule, près de la porte, à la lucarne elle-même trouée en son milieu, grâce aussi à l'immuable « nourriture » que nous servaient nos gardes : le pain et la lavasse du matin (thé ? café ? Comment savoir ?), les pois chiches bouillis en guise de déjeuner, les vermicelles du soir nageant dans une eau tiède. Dehors, les vivants aimaient et riaient. Des enfants naissaient, grandissaient, découvraient la beauté du monde, les parfums de l'aube, les senteurs de la pluie, les couleurs du crépuscule. Pour nous, ce n'était qu'un souvenir tenace, une raison de survivre, d'espérer malgré tout. Nous croupissions au milieu de nos déjections, dans une puanteur infâme qui imprégnait les murs, recouverts d'une couche de crasse qui s'épaississait d'année en année, grelottant l'hiver, suffoquant l'été dans des loques pourries dont l'odeur soulevait le cœur des gardes qui s'empressaient, chaque fois qu'ils déposaient la nourriture à l'entrée de nos cellules, de refermer la porte pour ne pas vomir. Nous nous levions pour aller pisser et chier au-dessus du trou qui servait de toilettes et qui finit par déborder, nous retournions nous asseoir sur la dalle, nous nous levions encore pour aller jusqu'à la porte lorsque les gardes traînaient par les chevilles, dans le couloir envahi de crapauds, un prisonnier qui venait de crever. Avant d'enterrer le corps à l'extérieur de notre bâtiment, de le recouvrir de chaux, ils nous jetaient ses hardes. Ceux qui allaient mourir les suppliaient de le faire. Car le froid était si vif, l'hiver, que nous enroulions en turban autour de nos têtes ces tissus puants pour protéger nos oreilles.

On nous avait donné des sandales taillées dans de vieux pneus. Elles ne durèrent pas longtemps. Aussi étions-nous pieds nus. Nous entourions de chiffons nos pieds dont les ongles poussaient les uns sur les autres, s'incrustant dans notre chair. Nous pouvions limer les ongles de nos mains contre les aspérités du mur. Pour les orteils, c'était plus difficile. Quant à nos cheveux, nous les coupions avec des morceaux de métal.

Ainsi avons-nous vécu pendant dix ans. L'hiver, la température devenait polaire. Le froid s'installait dès le mois d'octobre. De décembre à mars, l'eau gelait dans notre broc. Il est impossible de faire ressentir à qui ne l'a pas connu le froid qui vous pénètre jusqu'aux os, la souffrance qu'il provoque. Le moindre geste déclenche une décharge électrique qui vous paralyse un long moment. On ne peut bouger avant une bonne demi-heure. On a mal partout, aux articulations, aux doigts. Dès qu'on touche une partie de son corps, on fait naître une douleur insupportable. Alors on ne bouge pas. On reste immobile le plus longtemps possible. Pourtant il faut bien aller jusqu'au trou, saisir la nourriture, la porter à sa bouche. Autant de gestes qui rendent fou.

L'été, entre la mi-juillet et la fin août, la chaleur est torride, étouffante. Dehors, les moineaux piaillent. Les scorpions pénètrent dans les cellules par les trous d'aération. On ne peut les voir qu'un instant, lorsque la lumière les traverse. Ensuite ils se perdent dans le noir, comme les cafards qui pullulent dans les plis de nos chiffons et qui, coriaces, ne crèvent jamais, supportant même sans dommages les rigueurs effroyables de l'hiver.

Le corps n'accepte jamais la douleur. Il s'habitue par contre à la faim qui, petit à petit, s'atténue. On mange machinalement, perdant peu à peu le goût au contact d'une nourriture sans saveur qu'on ne voit même pas et qu'on mâche avec précaution à mesure que les dents se déchaussent. Ainsi survit-on. Car nous avons survécu. Nombre d'entre nous sont morts, en maudissant les geôliers et leur maître Hassan II, ce roi féodal, ce tyran d'un autre âge qui laisse pourrir des hommes au fond d'un caveau sans lumière où certains se décomposent avant même de mourir. De ces dix années, six mois, vingt-trois jours et douze heures qu'il est impossible de raconter autrement que par bribes, nous sommes sortis brisés mais vivants. Car nous avions décidé de vivre, de « tenir ». Nul ne soupçonne les ressources de la nature humaine, la force de l'instinct de vie. Personne ne mesurera jamais l'étrangeté des phénomènes qui se produisirent à Tazmamart, phénomènes incompréhensibles, inimaginables pour qui n'en a pas été témoin. La dignité de l'homme, l'amour de la vie sont plus puissants que l'acharnement avec lequel nos bourreaux cherchaient à les détruire. Cet amour de la vie nous a aidés à résister à l'innommable. Plus que de l'horreur, c'est de cet amour-là que je voudrais parler.

Je crois qu'il n'y a rien de plus grand que l'amour : l'homme ne peut s'épanouir pleinement, atteindre le bonheur et se rendre utile qu'en accomplissant sa volonté.

Je crois qu'un Dieu sage et aimant, quel que soit son nom, vaincra un jour la haine, fera triompher les justes et renversera les tyrans.

Tazmamart est une petite localité du Moyen-Atlas située à quatorze kilomètres de la route nationale conduisant à la frontière algéro-marocaine, dans le sud-est du pays. De l'autre côté de cette route s'étale un grand village, Rich, habité, à l'époque du protectorat, par une importante colonie juive.

Tout près de Tazmamart même, l'armée française construisit une caserne dans le cirque de montagnes qui forment une protection et une défense naturelles contre un agresseur hypothétique. Une piste mène au cul-de-sac où se trouve ce camp devenu, depuis la guerre des frontières avec l'Algérie, une grosse base arrière de blindés en majorité français, dotée d'un encadrement technique composé d'officiers et de sous-officiers de l'armée française.

C'est au fond de cette caserne qu'à la fin de l'année 1971, le roi Hassan II ordonna l'édification de deux bâtiments renfermant cinquante-huit cellules en tout. Il réserva ces cellules de trois mètres sur deux aux conjurés de Skirat condamnés à des peines allant de trois ans de détention à la réclusion à perpétuité.

Certains de ces conjurés, enfermés tout d'abord à la prison centrale de Kenitra, se vantèrent d'avoir fait danser nues les concubines du roi au son d'un tambourin, festivités joyeuses menées par le capitaine Chellat, liquidé sous mes yeux au PF3, et son adjoint le sergent-chef Achour. Enfermé dans le bâtiment 2 de la prison de Tazmamart après avoir été transféré du bâtiment 1, Achour occupa en novembre 1982 la cellule 48, en face de la mienne, qui portait le numéro 54. Comme ses camarades de détention, il y passa des années. Il réussit à survivre. Dernier prisonnier à bénéficier de la grâce royale, il fut libéré en 1993 à la suite des démarches répétées de plusieurs organisations humanitaires.

Hassan II poursuivait les conjurés d'une haine féroce. Il conçut une prison « digne » d'eux, un sombre mouroir, l'antre de toutes les désolations. Il en confia la réalisation à son entrepreneur Mernissi, dont le beau-frère Driss Ouazani avait épousé sa plus jeune sœur. La construction de ces deux bâtiments fut supervisée par le ministre de la Défense de l'époque, le général Oufkir, et par un membre de son cabinet, le colonel Nouri M'Barek, commandant en chef du génie. Après le limogeage de M'Barek, consécutif à l'attentat du Boeing organisé par Oufkir, le colonel Dlimi contrôla l'achèvement de ces bâtiments de béton au coffrage de planches et à la toiture doublée d'un toit de tôle ondulée.

Un couloir protégé par un treillis métallique coupe chaque bâtiment en deux. Les vingt-neuf cellules se font face de part et d'autre de ce couloir : quatorze cellules dans la partie du bâtiment où se trouve la porte d'entrée, quinze de l'autre côté.

Quatre guérites et quatre miradors assurent la surveillance des bâtiments et de la cour où s'alignent les tombes des prisonniers morts. Car celui qui entre à Tazmamart est destiné à ne jamais en sortir. Abandonné de tous, retiré du monde, confiné dans le noir, il n'a qu'une chose à faire : attendre la fin.

Les gardes, tous sous-officiers et commandés par un adjudant-chef, ne pénètrent dans les bâtiments que trois fois par jour : le matin, à midi et le soir. Dans ces moments-là, tous les six mètres et demi, des ampoules électriques éclairent le couloir. En partant, les gardes éteignent. Le sort des prisonniers ne les concerne pas. Ils les laissent hurler, crier, appeler, parler. L'indescriptible chahut qui règne en permanence dans les bâtiments, la voix des hommes qui s'interpellent, leurs insultes contre le roi, leurs malédictions, rien de tout cela n'est entendu de l'extérieur. Dans la caserne, que l'on atteint en traversant une cour de dégagement de cent mètres de large, les techniciens des blindés et leurs instructeurs français mènent l'existence routinière de tous les militaires du monde. Savent-ils ce qui se passe à quelques pas d'eux dans ces bâtiments dont on a masqué les murs de béton avec un amalgame de pierres et de boue séchée ? Sans doute. Comment pourraient-ils l'ignorer ? Dès lors, comment les autorités militaires françaises dont dépendent les instructeurs pourraient-elles ne pas être au courant ?

Tout le monde, dans les sphères officielles, devait savoir qu'à Tazmamart, au fond d'une caserne paisible, des hommes étaient emmurés vivants pendant des années et des années sur ordre de Hassan II. Mais cela avait-il vraiment de l'importance ? Les intérêts étrangers au Maroc étaient beaucoup plus alléchants que ces miséreux en guenilles dont le vent de l'Atlas, lorsqu'il soufflait trois ou quatre jours d'affilée en faisant vibrer la tôle ondulée de façon insupportable, étouffait les gémissements. C'était cela, Tazmamart : le vacarme continuel, le mépris des gardes qui se haïssaient aussi entre eux, s'épiaient et se surveillaient, terrifiés à l'idée d'une dénonciation qui leur aurait valu, pour la moindre faute, une balle dans la nuque. Tazmamart, ce fut l'obscurité, le désespoir, la solitude. Mais aussi la résistance,

Dix-huit ans de solitude

l'acharnement à vivre qui, après quinze jours de mutisme, ne me quitta plus pendant dix ans.

Quinze jours, quinze nuits. Les voix ne cessent de nous interroger.

— Qui êtes-vous, mes frères, qui êtes-vous ?

Obsédantes, déconcertées peut-être par notre silence, elles insistent, reviennent à la charge.

— Qui êtes-vous ?.. êtes-vous ?

Je reste prostré sur la dalle. J'écoute. Les prisonniers s'appellent, se parlent. Ils se racontent des histoires, récitent des versets du Coran qu'ils connaissent par cœur. L'un d'eux, plus acharné que les autres, ne désarme pas :

— Qui êtes-vous, mes frères ?

Je relève la tête. Je me redresse, je marche vers la porte. Midhat occupe la cellule 53, Bayazid la 52. Ils sont tout près, là, derrière leurs murs. J'additionne le numéro de chacune de nos cellules, ce qui donne : 7, 8, 9 : 1789. Le peuple marocain se révoltera-t-il un jour, comme l'a fait le peuple français ? Des patriotes viendront-ils prendre cette Bastille qui déshonore ceux qui l'ont imaginée ? Tout d'un coup, je sifflote l'air d'*Un gamin de Paris*. Midhat entend. Il me répond en sifflotant le même air. Bayazid, qui ne le connaît pas, reste silencieux.

Le premier jour de notre incarcération, vers midi, les gardes ont posé devant les portes de nos cellules deux couvertures, un pot, un broc et une assiette en plastique.

Ils nous ont dit, l'un après l'autre :

— Rentre tout. Sauf le pot.

Ils sont revenus quelques minutes plus tard, ont rempli le pot de pois chiches bouillis dans l'eau, nous ont donné un pain pour la journée. Le soir, même rituel : mais au lieu de pois chiches, on nous a offert quelques vermicelles nageant dans beaucoup d'eau tiède.

Il ne nous a fallu que deux ou trois jours pour nous rendre compte que ce menu ne changerait jamais, qu'il serait notre ordinaire. Nous devrons nous y habituer, comme nous devrons nous faire à ce caveau de deux mètres sur trois et aux gestes limités dont nous serons obligés de nous contenter : marcher jusqu'à la porte, jusqu'au trou, jusqu'à la dalle. Tout homme qui accepte de vivre dans ces conditions est irrémédiablement perdu. Il s'affaisse, se tasse, se replie sur son malheur. Ce n'est pas entre ces quatre murs qu'il faut vivre, mais ailleurs, dans le monde véritable, avec ses délices dont ceux qui en profitent librement ne connaissent pas le prix : le vin, les parfums, le fumet d'un bon plat, la beauté des femmes, des montagnes et des villes, la musique, le silence des nuits paisibles. Seuls l'esprit, le souvenir, l'imagination auront raison de ce trou noir, de la chape de tristesse et d'angoisse qui pèse sur nos épaules.

« Humain, trop humain. » Je suis homme. Nous sommes des hommes, même si nos geôliers s'efforcent de nous faire renoncer à notre condition. Abdiquer, baisser les bras ? Impossible. La mort et la déchéance nous rattraperaient vite. Il nous faudrait peu de temps pour devenir des sous-hommes, des déchets pourrissant dans l'indifférence. Je décide donc de lutter, de survivre, de m'en sortir pour renaître, revenir à la vie. Je me mets, comme dit Sartre dans *les Mots*, « tout entier à l'œuvre pour me sauver tout entier ». Refuser la solitude, l'isolement. Voilà ce qu'il faut faire : communiquer, parler.

La voix reprend :

— Qui êtes-vous, mes frères ?

Alors, enfin, je réponds :

Dix-huit ans de solitude

— Nous sommes les frères Bourequat : Ali, Midhat et Bayazid.

Je crie, comme la voix. La mienne doit paraître à celui qui s'adresse à moi aussi caverneuse, aussi sombre que la sienne. Je hurle encore :

— Et toi, qui es-tu ? Qui parle ?

— Manolo !

La conversation s'engage. Celui que ses compagnons surnomment Manolo s'appelle en réalité Mohammed. Il a été condamné à cinq ans de détention pour sa participation à l'affaire de Skirat. Il a le grade de sergent. Lorsqu'il m'apprend qu'il est originaire du nord du pays, de la zone jadis contrôlée par l'Espagne, je me mets à lui parler espagnol. Il poursuit son récit dans cette langue, que je connais bien. Il m'apprend qu'avant notre arrivée, dix-neuf personnes sont mortes à Tazmamart. Dans notre bâtiment, le bâtiment 2, nous ne sommes plus que dix : nous trois, les Bourequat, et sept militaires. Six d'entre eux ont été condamnés dans les affaires de Skirat et Kenitra. Le septième, dont on ne sait rien, a été transféré à Tazmamart en août 1980. Alors que les autres détenus, contrairement à nous, ont été groupés à deux par cellule pour faire de la place à de nouveaux prisonniers qui, semble-t-il, doivent arriver mais qu'on ne verra jamais, lui, seul dans son trou, refuse tout contact. Personne n'a entendu le son de sa voix. Lui aussi finira par mourir.

Car la mort frappe avec méthode, en prenant son temps. Le corps déformé par l'inaction et la malnutrition, rendus fous par l'obscurité, le bruit, le désespoir, les hommes râlent et s'éteignent. Lorsqu'un garde, le matin, trouve un cadavre dans une cellule, il l'emmène sans cérémonie. C'est son métier, son « travail ».

Selon Manolo, un ensevelissement rapporte aux gardes

une prime de cinq cents dirhams. Une aubaine. Ils sont agressifs, méprisants, cruels, surtout l'adjudant-chef qui, lorsqu'un prisonnier incapable de marcher ni même de tendre le bras ne peut plus atteindre sa nourriture ou son eau, les dépose avec délectation le plus loin possible de la dalle, en disant :

– Tu veux manger ? Tu veux boire ? Lève-toi.

Ainsi se comportent-ils. Certains, pourtant, ont parfois de vagues remords. L'un d'eux, notamment, un sergent-chef qui était en poste à notre arrivée, a vécu une étrange aventure. Il trouve un jour un mort dans une cellule au fond du bâtiment 2. C'était la première fois qu'un homme mourait à Tazmamart. Le sergent-chef, qui avait l'habitude de maltraiter et d'insulter les prisonniers, vide consciencieusement une bouteille de grésil sur le corps puis le tire par les pieds avant de le mettre dans un trou creusé le long du mur d'enceinte.

Ce sergent-chef avait deux filles. Une semaine après l'enterrement du prisonnier, l'aînée eut, un soir, une poussée de fièvre. A l'aube, elle mourut. Aucun médecin ne put expliquer son décès. Une semaine plus tard, jour pour jour, la cadette tomba d'un escabeau et se cassa le pied. La fracture ne se remit jamais et la jeune fille resta boiteuse.

Le garde changea d'attitude. Persuadé d'être victime d'un châtiment divin, il cessa d'insulter les détenus, se montra correct avec eux.

Manolo et les autres nous racontent tout cela. Ils nous ont expliqué leur système de communication. Une seule voix à la fois. Un homme appelle, donne son nom et celui de l'homme à qui il veut s'adresser. Les autres attendent. Ainsi, il n'y a aucun cafouillage. Il est étrange de parler avec ces camarades que nous ne voyons pas, d'apprendre à les connaître, d'écouter leurs confidences, leurs espoirs, leurs regrets. Nous ne pouvons que les imaginer. Chacun, bien sûr, se décrit : « Je suis grand, mince et beau. » Ou bien : « J'ai les yeux noirs. » Il n'ajoute pas : « langoureux », mais il pourrait le faire. Car l'humour, de temps en temps, retrouve ses droits, comme lorsque je me dis le matin, pensant à la prise de la Bastille et à la Déclaration des droits de l'homme : « Tous les hommes naissent libres et égaux en droit. » Peut-être. Mais certains meurent dans des geôles qui, officiellement, n'existent pas.

Petit à petit, donc, les voix nous deviennent familières. Nous reconnaissons Rachid Lamine, compagnon de cellule de Manolo. J'ai déjà raconté l'histoire de son père, célèbre artisan maçon qui participa pour le compte de Mohammed V, en 1950, à la construction du palais d'été de Dar es-Salam. Le sultan surprit un ouvrier batifolant avec une de ses concubines. Devant plusieurs dizaines de maçons, il le fit emmurer vivant. Écœuré, le père de Rachid abandonna sa profession et passa le reste de sa vie en ermite. Plus de vingt ans plus tard, par une diabolique ironie du sort, son fils croupit à Tazmamart.

Il est bon, peut-être, d'être deux dans une cellule. On peut se réconforter, s'encourager. Mais la mort, en cette année 1981, gagne quand même. Le premier à disparaître sera justement Manolo, le plus bavard, le plus jovial de tous. Manolo mon ami que je n'ai jamais vu. En mai, alors que nous nous trouvons à Tazmamart depuis moins de deux mois, il devient de plus en plus silencieux. Vidé de ses forces, il ne peut presque plus parler. Il ne tient, de loin en loin, que des propos incohérents. Je l'imagine dans sa cellule, squelettique, veillé par Rachid Lamine, qui ne pourra rien faire. Je souffre pour lui, pour Manolo qui agonise. Sa douleur est la mienne, la nôtre. A la fin du mois de mai

1981, Manolo s'assied et ne se relève plus. Il meurt le 25 mai, après huit ans de détention.

Rachid nous racontera ses souffrances épouvantables, les moindres détails de son calvaire. Quelques jours avant de mourir, Manolo eut un instant de lucidité. Il se leva presque, se jeta sur Rachid pour l'entourer de ses bras, le serrer très fort contre lui et l'embrasser. Et ce fut tout.

Rachid lui survivra peu de temps. Demeuré seul, malade lui-même, épuisé, se traînant péniblement dans sa cellule qui lui paraît plus vide, plus noire, il dépérit très vite, renonce à lutter. En lui, toute révolte, toute force, toute haine même sont mortes. Paralysé du côté gauche, il ne bouge plus.

Nous faisons tout pour l'aider, le remonter, lui rendre moins douloureux les jours qui lui restent à vivre. Midhat se mêle à la conversation, lui parle de la Tunisie où, seul de nous trois, il a effectué des séjours et que Rachid connaît bien. Ils se découvrent des amis communs, des artistes, des chanteurs tunisiens. Ils les évoquent avec nostalgie, vantent leur talent.

Rachid qui, adjudant-chef d'aviation, a fait des stages d'instruction à Évreux, en France, et aux États-Unis, parle un français parfait. Nous nous exprimons donc dans cette langue qui nous rappelle les temps heureux, l'insouciance de jadis. Que Rachid dépérisse ainsi nous navre. D'autant que de tous les détenus que nous avons trouvés au bâtiment 2 en arrivant à Tazmamart, Manolo, le lieutenant Bine Bine, le lieutenant Azendour Boudjemâa, le lieutenant Daoudi et le sergent Bouchaïd Siba, un mécanicien de l'armée de l'air condamné à trois ans et avec qui il s'est lié lors d'un stage fait en sa compagnie aux États-Unis, il semblait mentalement le plus fort, le plus confiant. Il n'avait jamais désespéré. Au début, il passait son temps contre la porte de sa cellule. Par le petit trou du judas, il ne cessait d'observer le couloir. Il se persuadait qu'un garde, à un moment ou à un autre, de jour ou de nuit, viendrait lui annoncer sa grâce. Il demeurait constamment debout. Nous lui demandions :

— Mais pourquoi te tiens-tu de la sorte ?

Avec beaucoup de conviction, il nous répondait :

— Ainsi, je serai le premier à m'en aller lorsqu'une libération interviendra.

Il avait d'ailleurs supplié les gardes de le mettre dans la cellule la plus proche de la sortie dès que son occupant viendrait à mourir.

A présent, il agonise à son tour. Le 24 octobre au soir, après le repas de vermicelles, il m'appelle pour se plaindre de douleurs atroces au ventre. Avec les immondices qu'on nous donne à manger, il y a de quoi attraper le typhus, le choléra, la lèpre. La santé : c'est la première chose que les tyrans détruisent. Briser l'homme physiquement, mentalement, le rendre malade, fou : ainsi le dégradent-ils.

Que dire à Rachid alors que je grelotte moi aussi, que je m'affaiblis, comme mes frères, de jour en jour ? Je lui recommande d'économiser ses forces, de ne pas trop parler. Nous continuons à lui raconter ce qui nous passe par la tête, à tenter de lui rendre la mort plus douce. Encore heureux que le vent ne souffle pas sur le toit de tôle. Car, dans ces cas-là, le vacarme est si assourdissant que les conversations cessent. Moi-même, je ne m'entends pas lorsque je beugle *la Marseillaise* pour essayer de couvrir le bruit.

Le froid est là, incisif, sournois, intolérable. Rachid se tait. Le lendemain, 25 octobre, un garde le trouve mort dans sa cellule, la deuxième après la porte d'entrée, numéro 57.

Il est le deuxième détenu à disparaître depuis notre arrivée. Il y en aura d'autres. Beaucoup d'autres.

Tel est le lot commun des emmurés de Tazmamart : le froid l'hiver, l'abominable chaleur de l'été, l'obscurité, la puanteur, les morts. Nous n'apercevons vraiment la lumière que le matin, à midi et le soir, lorsque les gardes, ouvrant la porte du bâtiment, éclairent le couloir. Notre état physique se dégrade de plus en plus. Mais c'est surtout notre condition morale qu'il nous faut préserver, du moins essayer de sauver. Lors de notre arrivée, nous avons trouvé nos compagnons profondément déprimés. Pour enrayer cette dépression, l'atténuer, l'oublier quelques instants, remonter à la surface, ne plus sentir l'odeur de nos corps décharnés et de nos excréments, nous inventons d'autres lieux, d'autres parfums, une cité mythique, une ville lumineuse où même la pluie est bienvenue.

Quelle est la ville dont nous gardons le meilleur souvenir, où nous avons été le plus heureux ? C'est Paris, pour qui notre père eut un coup de foudre tel qu'il se fit naturaliser français. Paris où Midhat vécut de longues années à l'époque où il travaillait dans les Postes. Paris où Bayazid et moi nous rendions le plus souvent possible avant que je m'y fixe, effectuant des aller et retour en direction du Maroc.

Paris qui, pour les Parisiens, évoque peut-être les embouteillages, la pollution et les contraventions, mais qui reste pour nous la ville de notre jeunesse comme elle était pour notre père, dans les années vingt, la capitale de la France victorieuse, le centre du monde.

Lorsque nous étions enfants, il nous en parlait sans cesse. La beauté des monuments, la paix qui règne, à l'aube, après une nuit agitée, sur les bords de Seine, la *Coupole*, les *Deux-Magots*, les jolies femmes en chapeau cloche, le charleston, les écrivains qu'on déifiait, nous nous faisions de tout cela une image idéalisée, presque légendaire.

Le jour où je m'y rendis pour la première fois, je ne fus dépaysé en rien. À mes yeux, tout correspondait aux récits de mon père, sauf le *Balajo*, qui avait changé. Français moi aussi, quoique « de seconde zone », comme je l'ai rappelé plusieurs fois avec amertume, je découvrais ma capitale, la ville de mon imaginaire. J'emmagasinais les sensations, les images, les souvenirs.

Ce furent ces souvenirs qui, à Tazmamart, nous aidèrent à survivre. Nous avons commencé, Midhat, Bayazid et moi, à les passer en revue en haussant le ton pour que les autres nous entendent, à décrire cette ville où nous déambulions en pensée, à y habiter pour de bon. Nous n'avions même pas besoin de fermer les yeux pour revoir les avenues encombrées, les petites rues paisibles avec les enseignes de leurs restaurants et de leurs bistrots. Les images ravivaient des sons, de la musique, les airs joués dans les caves enfumées, les bals du 14-Juillet, les chansons populistes beuglées d'une voix rauque par des artistes en robe noire campées, les mains aux hanches, sur le devant d'une scène nue. Ces airs, ces voix ressuscitaient les senteurs, le parfum des femmes, des feuilles mortes du jardin des Tuileries ou du bois de Boulogne, l'odeur fade et sucrée des bouches de métro, combien plus délectable que la puanteur qui stagnait dans nos murs. Aux parfums succédaient le goût des bonnes choses, le décor des petits restaurants où, toujours en rêve et à voix haute, nous nous tapions la cloche, ce qui donnait à peu près :

— Hé, Midhat, qu'est-ce qu'on fait, ce soir ?

— J'ai faim. Je me farcirais bien un lapin chasseur avec des pâtes fraîches...

— Et pour le vin ? Bourgogne ?

— Va pour le bourgogne.

La veille, nous avions englouti un pot-au-feu ou un bœuf bourguignon « bien de chez nous » à la brasserie *Furstenberg* ou à la *Coupole*, dévisageant les gens qui riaient, s'interpellaient comme nous le faisions ici d'une cellule à l'autre, admirant la beauté des femmes, guettant leur sourire ou un clignement de paupières, goûtant leur teint et le grain de leur peau. La vie était joyeuse, sans souci dans ce havre de paix, près de ce fleuve lent où battait, au pied de Notre-Dame, le cœur de la civilisation. Avant de déjeuner ou d'aller voir la dernière pièce à la mode dont nous ne savions rien et pour cause, à moins que nous n'imaginions la reprise des grands succès de jadis, nous nous arrêtions devant les bouquinistes, humant l'odeur des vieux livres sous l'œil soupçonneux du marchand obsédé par les voleurs. L'après-midi, nous nous promenions dans le marché aux fleurs. Qui dira la force de la mémoire ? Nous reconnaissions chaque fleur à son parfum, nous identifions les oiseaux dans leur cage à leurs piaillements. Nous évoquions la silhouette des clochards titubant sur les quais, leur bouteille dans la poche, le bavardage des chauffeurs de taxi qui s'arrêtaient aux feux orange pour que le compteur tourne.

Les militaires se mêlaient à notre rêve, s'y intégraient, rêvaient à leur tour. Nos repas devenaient les leurs. Ils vivaient nos aventures, jouissaient eux aussi, petit à petit, des délices d'une ville qu'ils ne connaissaient pas. Une voix, parfois, demandait :

— C'est comment, le lapin chasseur ?

Nous lui donnions la recette. Le détenu en avait l'eau à la bouche.

Ces hommes étaient enfermés depuis août 1973. Tout ce temps, ils avaient tenu. Pourraient-ils tenir encore ? Sans doute, puisqu'ils avaient la force de s'évader, d'écouter, d'apprendre par cœur les itinéraires de nos promenades, de nous décrire ensuite les monuments que nous avions visités en leur compagnie, dans ce noir perpétuel que nos paroles anéantissaient. Nous avons réussi à les mettre dans le coup, à leur faire prendre le métro avec nous, leur décrivant le balancement des rames et la cohue de la sortie des bureaux, à les emmener dîner dans nos restaurants préférés où eux qui, comme cela devait m'arriver plus tard, avaient perdu le goût, commandaient selon leur fantaisie à des serveurs en gilet et nœud papillon noirs des menus imaginaires.

Bien sûr, c'était beau. La France n'était plus, pour eux, la puissance coloniale qui avait opprimé leur pays pendant les quarante ans de protectorat et dont les dirigeants collaboraient aujourd'hui avec Hassan II. Elle correspondait vraiment au mythe qu'elle s'est forgé, à ses images d'Épinal. « France mère des arts, des armes et des lois », France « berceau des Droits de l'homme », Paris dont le peuple n'a pas hésité à guillotiner Louis XVI, symbole du despotisme. C'était cette France-là que nous leur apprenions à aimer, ce Paris dont la pensée les réconfortait, à tel point que ses secrets devinrent vraiment les leurs, qu'ils avaient l'impression d'y avoir toujours vécu.

Ils s'en imprégnèrent tellement que le lieutenant Bine Bine, transformé comme eux en vrai Parisien, sidéra, après notre libération, des membres de sa famille qui, habitant

Paris, vinrent lui rendre visite au Maroc. Il leur décrivit dans ses moindres recoins la ville où il n'avait jamais mis les pieds. Ils lui racontèrent leur existence, les lieux où ils étaient installés. Il répondait :

— Oui, je sais. Tel monument est à tel endroit... Tel boulevard coupe celui-là. Non, la rue de Crussol ne donne pas sur la place de la Bastille. Elle est plus proche de la République, non loin de *Chez Jenny*, une brasserie alsacienne... Êtes-vous déjà allés au *Select*, en face de la *Coupole* ?

Récemment, j'ai rencontré sa cousine à Paris. Elle m'a dit :

— C'est ahurissant. Il m'a parlé d'endroits que même moi, Parisienne, je ne connais pas...

Ainsi passait le temps. Quitter ce tombeau, réintégrer le monde des vivants, de ceux qui ne savent pas ou ne veulent pas savoir : un jour, nous en étions sûrs, cela se produirait. La France ne pouvait pas nous abandonner. Jamais ses dirigeants ne fermeraient les yeux, ne se détourneraient de nous. Jamais ils n'accepteraient qu'un monarque prétendument de droit divin et se disant Commandeur des Croyants enterre vivants des hommes, y compris trois de leurs ressortissants... Nous continuions à crever comme des rats dans un trou. Et la France restait muette : « Ô rage, ô désespoir, n'ai-je donc tant vécu que pour cette infamie ? » Pour les beaux messieurs du Quai d'Orsay ou les P-DG propulsés à la tête de grandes entreprises implantées au Maroc, que représentions-nous ? Des gêneurs qui avaient pris des risques et qui les payaient, des imprudents qui s'étaient mêlés de ce qui ne les regardait pas ? Peut-être.

J'étais, avant mon enlèvement, bien placé pour savoir que rien de ce qui se passait au Maroc n'échappait aux autorités françaises quand elles n'étaient pas elles-mêmes parties prenantes et agissantes dans ce qui se tramait autour du roi Hassan II. Les déclarations de « non-ingérence » et autres balivernes ne sont que du verbiage diplomatique. En fait, depuis l'avènement de Hassan, la France considère le Maroc comme étant encore un peu son territoire, sans pourtant se soucier du respect de ses lois. Car au Maroc existe la garantie de l'impunité, sans compter les avantages matériels. Allait-on déranger pour des officiers subalternes, quelques sous-officiers basanés et trois « bicots » détenteurs de passeports français, les invités officiels et privés de Sa Majesté qui s'empiffraient dans les « diffas », les festins royaux, en palpant les enveloppes bien garnies qu'on glissait dans leur poche avant l'apéritif ?

De ces deux France, celle des Droits de l'homme et l'autre, la vieille dame cynique et repue, laquelle est la vraie ? Son silence nous donne un début de réponse.

Pourtant, nous apprendrons plus tard que des gens, en France, s'agitent, dénoncent la répression menée par Hassan. Des Mauritaniens combattant au sein du Polisario ont été internés à Tazmamart en 1978. Libérés sept mois plus tard, ils sont entrés en contact avec un correspondant du *Monde*. Le premier, celui-ci mentionne l'existence du bagne et les conditions qui y règnent. Il faut lui rendre hommage. Montrant un exemplaire du *Monde* au cours d'une conférence de presse, le roi l'a pourtant publiquement qualifié de « torchon »...

Je sais aussi qu'alertée – une fois remportée l'élection présidentielle de 1981 – par ma sœur Khadija qui a réussi à gagner Paris après sa libération et celle de ma mère, Mme Danielle Mitterrand, profitant d'une visite officielle de son mari au Maroc, a posé des questions au roi à notre sujet. Hassan a répondu simplement :

— Je ne connais pas ces gens, je ne vois pas de qui vous parlez.

Plus tard, dans un autre cadre, il la qualifiera d'« épouse morganatique du président de la République française ». Mais elle ne désarmera pas et nous lui devons beaucoup.

Pour l'heure, l'espoir s'amenuise. Souvent, le découragement nous étreint, nous accable. Certains, comme Bayazid, plus religieux que nous, se tournent vers Dieu. La religion a toujours été présente à Tazmamart, à des degrés divers. Ceux qui meurent n'ont droit à aucun service, aucune cérémonie. On les enterre comme des carcasses d'animaux, le plus rapidement possible. Les détenus se chargent de leur rendre hommage, sous l'œil indifférent des gardes. Quand on emmène un mort, nous l'accompagnons par la pensée en récitant des prières. Les sourates du Coran retentissent alors dans les cellules, ultime adieu incapable de consoler ceux qui restent et à qui la voix de celui qui s'en va manquera de façon cruelle.

Si Dieu existe, comment peut-il permettre une telle abjection ? Bayazid ne raisonnait pas ainsi. Pour lui comme pour d'autres, la lecture du Coran qu'il connaissait par cœur fut la nourriture céleste qui l'aida à supporter les tristes et odieuses conditions terrestres qui nous étaient imposées. Sauver son âme, la purifier devint l'essentiel. Il ne cessait de réciter à voix haute les nombreuses sourates qu'il avait apprises dans sa jeunesse. Il était convaincu que le miracle se produirait un jour ou l'autre. Dieu allait poser sur lui, sur nous tous, un regard magnanime. Nos épreuves et nos souffrances allaient bientôt prendre fin, la justice triompherait. Il n'en doutait pas. Comment, d'ailleurs, en douter, alors que sa force de conviction irradiait le cœur de chacun, de nous tous ? Son assurance et son abandon à Dieu le rendaient invincible. Il répétait : « L'heure viendra ; on ne peut en douter. Dieu ranimera les cendres dans le tombeau. » (Coran, 7, ch. XXII, *le Pèlerinage*.) L'Éternel l'avait choisi pour ensemencer en lui la force qui lui permit de se surpasser, de supporter la dureté avec laquelle on nous traitait.

L'histoire de Job revenait souvent à la mémoire de mon frère. Éprouvé par toutes sortes de malheurs, Job conserva sa foi en un Dieu de bonté et de clémence. Comme lui, Bayazid acceptait son destin et le nôtre avec la résignation mais aussi la confiance de ceux qui croient, qui ne se soumettent qu'à la volonté divine mais de façon positive. Il méconnut la révolte parce que la justice était proche. Il appelait l'Éternel, l'invoquait sans relâche. « Seigneur, le malheur s'est appesanti sur moi, mais Ta miséricorde est infinie. » (83, ch. XXI, *les Prophètes*.) « Nous entendîmes sa voix. Nous le délivrâmes du fardeau qui l'opprimait et nous le rendîmes à sa famille. » (84, ch. XXI, *les Prophètes*.) Sa foi le soutint jusqu'au bout. Jamais il ne se laissa aller à l'abattement et au découragement.

Il ne cherchait nullement, par l'entremise de la religion, à fuir la réalité. Il la vivait et la ressentait autant que nous. Il faisait sien le mot de Garine dans *la Condition humaine* d'André Malraux : « Une vie ne vaut rien mais rien ne vaut une vie. »

D'autres détenus, touchés eux aussi par la grâce, en avaient une vision négative. Persuadés qu'ils subissaient un châtiment de Dieu pour des fautes réelles ou imaginaires, ils s'abandonnaient, oubliant le proverbe arabe qui dit : « Si Dieu ne pardonnait pas, son Paradis serait vide. »

Ceux-là, rien ne pouvait les sauver. Soumis entièrement à ce qu'ils appelaient eux aussi la volonté divine, mais qu'ils prenaient pour le diktat d'un Dieu insensible à la tendresse (« Mes frères, mes frères, disait Manolo, vous êtes ici à Tazmamart, où il n'y a ni pitié ni miséricorde »), ils sombraient dans la détresse et l'affliction. Et ils mouraient, ce qui nous préparait à notre propre mort.

Même si cette idée lui est insupportable, tout être humain doit mourir. Tout homme, qu'il soit riche, heureux, comblé ou misérable, se décomposera un jour sous la terre, seul dans son linceul, surtout si on l'a enroulé dans une vieille couverture trouée et que rien, au-dessus de sa tombe, n'indiquera jamais son nom, les dates de sa naissance et de sa fin.

Il y a plusieurs façons de mourir : dans son lit, lucide et serein, entouré de l'affection des siens ; de mort violente, sans s'en rendre compte ; ou bien à Tazmamart, par la volonté d'un seul, alors que les secondes qui ont précédé le trépas ont été inhumaines, annonçant avec une placidité terrifiante cet instant auquel nul n'échappe.

Ainsi est la mort : glacée, sans rémission. Lorsque l'homme exhale son dernier souffle, que ressent-il ? La peur, le regret, le chagrin ou bien la délivrance, comme ceux dont le cœur a cessé de battre à Tazmamart alors que rien, pas même une ultime lueur, un dernier crépuscule, une voix jadis aimée, une main qui se serre ne les a apaisés ?

À ceux qui allaient nous quitter et qui le savaient longtemps à l'avance, conscients de leur irrémédiable délabrement, que pouvions-nous offrir ? Il n'y avait entre nous aucun contact physique, visuel. Un sourire, une pression des doigts, la présence, tout cela nous était interdit. Il ne nous restait que la parole, ces pauvres mots que nous lancions depuis nos cellules, ces encouragements dérisoires, nos voix sans visage qui se répondaient dans une nuit profonde. C'était peu. Mais notre sort, sans ces dialogues, sans ces adieux qui traversaient les murs, aurait été plus cruel encore. Si je ne devais retenir qu'une chose de ces dix années d'enfer, c'est ceci : la fraternité humaine n'est pas un vain mot. Ces morts que je n'ai jamais vus, sauf un, mais dont les voix résonnent encore tout au fond de moi, leur courage, leurs souffrances qui rongeaient ma propre chair, seront mes compagnons jusqu'à la fin de mes jours. C'est pour eux qu'aujourd'hui je me bats, luttant sans relâche dans la mesure de mes moyens contre un régime tyrannique qui, pour se concilier les bonnes grâces du monde civilisé, a reprisé ses oripeaux. Les emmurés de Tazmamart sont devenus mes frères bien au-delà du temps, de la vie, de la mort. Jamais ils ne me quitteront.

Le ramadan de 1982 approche. Pendant ce mois sacré pour les musulmans, notre régime ne change pas d'un iota. Musulmans, pourtant, nous le sommes tous, y compris nos gardes qui, chaque jour, prient en se tournant vers La Mecque. Mais ils ne nous considèrent plus comme des hommes.

La veille du commencement du jeûne, le 1er juin, un hélicoptère atterrit dans la cour de la prison. Un homme en civil en descend, coiffé d'une casquette de base-ball. C'est le commandant Fadoul, chef de la « mission Florence ».

— Je viens, dit-il, prendre des nouvelles des frères Bourequat.

Un par un, il nous fait extraire de nos cellules, Bayazid, Midhat et moi.

Mes frères commencent à être sérieusement touchés. Ils éprouvent de plus en plus de difficultés à se mouvoir. Lorsque vient mon tour, la lumière m'aveugle. C'est la première fois, depuis un an et deux mois, que je vois la lumière, le soleil. Fadoul m'attend dans la cour. J'ai le temps de jeter un coup d'œil autour de moi, d'apercevoir les guérites, les miradors, les murs maquillés des bâtiments.

Fadoul me regarde, me jauge, évalue en un instant mon état physique. Il me demande :

— Comment ça va ?

Que répondre à cette fripouille ? Je lui dis :

— Ça va.

Il ajoute :

— Je viens de la part de mes supérieurs.

— On peut leur parler, à tes supérieurs ?

Il ricane et réplique :

— Tu sais comment on parle avec « lui »...

— Alors pourquoi cette visite ?

— Il veut savoir comment vous allez.

Un tel cynisme me coupe le souffle. Je n'en laisse rien paraître. J'évoque devant Fadoul l'état de mes frères. Ils auraient besoin d'un médecin. Fadoul prend l'engagement d'en envoyer un si les choses empirent. Cette promesse, bien sûr, il ne la tiendra pas.

Pourquoi est-il venu ? Je l'ignore encore. Le roi voulait-il tout bonnement savoir si nous étions déjà morts ?

On me ramène dans ma cellule. J'entends de nouveau les verrous, le cadenas. Le noir, les voix. Le temps passe encore. En novembre 1982, quatre militaires, le capitaine Bendoro, le lieutenant Haifi, le sergent-chef Achour et le sergent Abdellah sont transférés du bâtiment 1 au bâtiment 2. Ils nous apprennent que le monde entier connaît l'existence de Tazmamart et le traitement qu'on inflige aux détenus.

Cette nouvelle nous revigore un peu. Mais la détresse reprend vite le dessus. Haifi hurle. Ou alors il gémit, avant d'insulter le roi et ses sbires. Ses malédictions nous crèvent les tympans.

— Fils de pute ! Salauds !

Le sergent Abdellah occupe, en face de moi, la cellule 49.

Je l'entends se déplacer sans cesse comme ces animaux sauvages qui, dans les zoos, tournent autour de leur cage, refaisant inlassablement le même trajet. Comme nous, il ne dort pas. Ses plaintes emplissent le couloir. Trois mois durant, je les entendrai. Sa souffrance me torture, me brise. Nous ne pouvons nous communiquer que nos douleurs mutuelles. J'aimerais pouvoir lui dire à quel point il va nous manquer, comme ceux qui sont déjà partis, le réconforter un peu, lui sourire. Il gémit, gémit toujours. Il meurt le 25 mars 1983. Lorsque le garde qui l'a découvert le traîne hors de sa cellule, je le regarde faire par le trou de la lucarne, tandis que montent les prières récitées par les autres prisonniers.

Un mort de plus, un ami de moins. Pourtant il faut continuer à lutter, à espérer, envers et contre tout. Mais il est dur d'espérer quand tout, autour de soi, est désespérant. Impossible de pleurer. Notre corps est trop sec, trop décharné : nous n'avons plus de larmes. Les heures, les semaines, les mois se succèdent. Un jour de 1984, une surprise nous tire de notre abattement. Nous entendons frapper à la porte du bâtiment. Une voix appelle. Nous nous mettons à l'écoute. La voix continue à appeler, mais personne ne comprend ce qu'elle dit. Tout d'un coup retentit un nom : celui du sergent Bouchaïb Siba.

— Bouchaïb, s'exclame la voix, Bouchaïb !

— Qui est là ? répond le sergent.

La voix réplique. Bouchaïb s'écrie :

— Quoi ? Mon père ?

Il a compris « bak » : « Ton père. »

La voix reprend, en articulant :

— Non, « M'Barek » ! Je suis M'Barek Touil, ton lieutenant !

— Mon lieutenant ? Mais qu'est-ce que tu fais dehors, dans la cour ? Tu es libéré ?

– Non.

Il demande des nouvelles de nos compagnons, qui nous présentent à lui. Lui nous raconte pourquoi il est là, dehors.

Officier de l'armée de l'air, M'Barek a été condamné à vingt ans après l'affaire du Boeing de Kenitra. Sa femme, une Américaine, avec qui il a pu entrer en contact, n'a cessé de dénoncer les conditions innommables de Tazmamart et de demander aux autorités de son pays de faire pression sur le Maroc pour que l'on traite correctement son mari, qu'il puisse purger sa peine dans des conditions « normales ». Tout en acceptant, alors qu'il savait tout sur Tazmamart, que le lieutenant reste au secret, ce qui me paraît inconcevable, le gouvernement américain réagit. Aussitôt, on améliore le régime alimentaire de M'Barek. On l'autorise également à sortir quotidiennement dans la cour, à s'y promener. Dès lors, il viendra de temps en temps frapper à la porte de notre bâtiment pour s'entretenir avec nous, nous refiler des tuyaux et des informations. Nous partageons la volupté qu'il ressent, après tant d'années de cachot et de privations, sa joie de voir enfin le ciel, de respirer l'air frais, rêve inaccessible de chacun d'entre nous et de tous les prisonniers du monde.

Rêve d'autant plus douloureux que la puanteur, dans notre bâtiment, devient de plus en plus pestilentielle. La merde, la crasse, les corps putréfiés, la saleté, tout cela s'accumule. Midhat va de plus en plus mal. Il ne cesse de demander à voir un responsable. Son insistance finit par porter ses fruits. Un jour de 1985, les gardes le sortent de sa cellule, l'aident à marcher jusqu'à la cour. On lui donne du papier et un stylo. Midhat, la main tremblante, écrit une lettre au roi. Il passe trois heures à l'air libre. On la ramène ensuite dans sa cellule. Il s'effondre. Ses jambes ne le portent plus.

Août 1985. La fournaise. Le lieutenant Azendour Boudjemâa agonise. Il nous a appelés un par un pour nous faire ses adieux. Nous avons beaucoup parlé avec lui, depuis notre arrivée. Très croyant, il a fait le vœu, une fois libéré, de ne plus vivre en compagnie des hommes, de se construire une cabane retirée dans les bois et d'y finir ses jours seul, en ermite. Il a connu, non loin de son village, une femme qui vivait de cette façon. Pour subsister, elle vendait du bois qu'elle ramassait dans la forêt. Cette femme, il ne s'est pas lassé de nous la décrire : jolie, pleine de charme et d'énergie, débrouillarde. Atteinte, hélas, d'une maladie intestinale, elle avait un anus artificiel. Aux yeux d'Azendour, peu importait. Il semblait beaucoup l'aimer, apprécier à sa juste mesure sa volonté et son courage. Nous lui disions :

— Tu ne vivras pas seul, Azendour. Vous serez deux dans la forêt, deux ermites heureux. Tu l'épouseras.

Boudjemâa riait de bon cœur. La perspective d'épouser cette femme, les plaisanteries que nous faisions à ce sujet le distrayaient et l'amusaient beaucoup.

A présent, son rire s'est éteint. Nous n'entendons que son râle, un hoquet qui, à longueur de journée et de nuit, monte, se casse, reprend avec une telle force que les murs épais de notre prison en tremblent presque. Pendant deux mois il poussera ce son terrifiant, insupportable. Il meurt le 28 octobre 1985.

Midhat flanche à son tour. Il ne se lève plus. Désormais il passe son temps assis, incapable de se mouvoir. Tout comme Bayazid, il défèque dans une assiette en se penchant sur le côté. Il la vide ensuite dans le trou, tout proche de lui. Je supplie l'adjudant-chef, un nouveau, moins cruel que le précédent, de me laisser aller le voir. Il finit par accepter. Je trouve mon frère assis, jambes écartées, totalement cassé en deux. Sa tête et son tronc reposent sur ses cuisses. Le froid est glacial. Midhat n'a qu'une couverture sur le dos. Son corps n'est plus qu'un sac d'os. Tordu, il a l'épaule dans l'alignement de son visage. Il n'arrive plus à relever la tête. Je l'aide à s'adosser contre le mur. Derrière lui, pour caler son dos, je roule en boule de vieilles couvertures récupérées chez les morts. Je m'efforce de nettoyer un peu sa cellule, de repousser la merde.

Bayazid sera bientôt dans le même état. Plus que ma propre mort, c'est celle de mes frères que je redoute. Je fais aux gardes la même requête que Midhat, demandant l'autorisation de sortir dans la cour. On ne m'accorde qu'une petite heure, le temps d'écrire une lettre au roi. Je ne comprends toujours pas pourquoi nous sommes là tous les trois, d'autant que Bayazid n'était pas au courant du complot de Dlimi contre Hassan, qu'il ne sait même pas que nous l'avons prévenu. Comme celle de Midhat, ma requête resta lettre morte.

L'homme qui, depuis notre arrivée, est resté silencieux, refusant tout contact, se manifeste enfin. Originaire de Tizi-Ouzli, dans le Rif, il s'appelle Miloudi Seddik. Marié, père de trois enfants, ancien membre de l'armée de libération, il appartenait, avec le grade de sergent, à la brigade parachutiste chargée de garder le palais royal. Son seul crime : avoir refusé, un soir, de laisser entrer une des princesses qui, ivre morte, n'arrivait pas à se souvenir du mot de passe. Il mourra le 23 octobre 1986, un an, presque jour pour jour, après le lieutenant Azendour Boudjemâa.

L'état de mes frères empire. En 1986, Bayazid tombe à son tour, incapable de se relever, à côté du trou des toilettes. La puanteur est devenue telle, dans nos cellules, que les gardes n'arrivent plus à rester deux minutes devant nos portes. On m'autorise à aller aider Bayazid. On m'adjoint, pour cela, le lieutenant Daoudi, de la cellule 44.

Jamais je n'oublierai l'apparition du lieutenant dans le couloir. Nous nous sommes décrits plusieurs fois chacun, pour pouvoir imaginer l'apparence physique de ceux à qui nous parlions. Daoudi nous avait dit mesurer un mètre quatre-vingt-huit. Est-ce vraiment lui que j'aperçois dans l'ombre, traversant la moitié du couloir pour venir à ma rencontre ? Je me trouve devant un homme cassé en deux, en zigzag, tordu, le buste courbé, squelettique. La tête recouverte de vieux tissus, il traîne ses pieds enveloppés dans des chiffons. Sa barbe pend sur sa poitrine. Il ressemble à tout, sauf à un être humain. Pourtant cet homme, le premier détenu vivant que je vois, me renvoie ma propre image. Ce fantôme, c'est moi, c'est nous tous.

Nous essayons de mettre un peu d'ordre dans la cellule de Bayazid, d'arranger sa literie. A l'inverse de Midhat, Bayazid a démesurément gonflé. Il est devenu énorme, presque obèse.

J'irai le voir plusieurs fois, tout comme Midhat, à qui je rendrai plusieurs visites très brèves, dont l'une en compagnie du lieutenant Bine Bine.

Nous conversons toujours d'une cellule à l'autre, évoquant sans cesse Paris, symbole de la délivrance et de la liberté. 1987, 1988... Arrive enfin l'année 1989. On fête le bicentenaire de la Révolution française. A cette occasion, la France ne va-t-elle pas faire un geste, taper du poing sur la table, dire à Hassan : « Ça suffit ! » ? Il est impossible qu'elle se taise plus longtemps. L'espoir renaît. Assis sur ma dalle, au fond de ma cellule, j'aligne dans ma tête des mots que je ressasse, les apprenant par cœur, les récitant, les scandant sans cesse :

« Liberté, tu es notre loi

Nos sacrifices et nos souffrances sont pour toi
Tu es la source du bonheur et de toutes nos joies
La vie sans toi ça sert à quoi ? »

Il y en aura d'autres. Le rythme s'incruste en moi, les strophes naissent, avec effort tout d'abord, de façon maladroite. Et puis elles se chevauchent, se bousculent à mesure que je les fredonne dans le noir, oubliant quelques instants la réalité glacée de ma cellule. La poésie, la gouaille jouent pour moi le rôle que le Coran joue pour Bayazid. Elles me transportent ailleurs, dans un monde où « l'étoile du Berger brille dans le ciel ». « Dans ce monde fabuleux, au gré du hasard, je flâne / De Dix Heures, à La Lune Rousse, aux Deux Anes » /.

« Paris prolo...
Paris rupin
Paris badin
Paris rétro
Paris catin
Paris porno
Paris putain... »

Les images anciennes me sautent au visage, Paris, la France, l'Europe, la Liberté. Les souvenirs chantent comme les mots que j'agence, les retenant, les reprenant. La poésie aide à ne pas mourir, à garder confiance. « Mieux vaut espérer qu'attendre », dit un proverbe arabe. Jamais nous n'aurons autant espéré qu'en cette année 1989, dont nous pensions qu'elle serait notre dernière année de bagne. Mais elle s'écoula comme les autres, avec son lot de souffrance. Rien ne se passa. La France, la douce France, demeurait obstinément muette.

La mort faisait son œuvre. Haifi hurlait toujours. Quelques mois avant de succomber, il supplia les gardes. Il voulait qu'on lui coupe les cheveux. Il supplia des jours entiers.

Nous conjurions nos geôliers d'accéder à son désir. Le nouvel adjudant-chef me dit :

— Tu veux aller lui couper les cheveux ? Vas-y.

Je pénétrai dans sa cellule, la 56. L'odeur me fit reculer. Haifi n'avait plus de chair. Quant à ce que je pus apercevoir... Couché sur le dos, les genoux au menton, il n'était qu'un squelette. Complètement bloqué, il ne pouvait bouger que le bras droit, dont il se servait pour saisir péniblement son bol d'eau. Le bol ne devait pas être trop rempli. Sinon, il devenait trop lourd.

Haifi était presque chauve. Je me penchai sur lui, coupai les quatre poils qui subsistaient sur son crâne. Son dos était mangé par les vers. Comment un homme avait-il pu survivre trois ans dans ces conditions, couché, avalant deux bouchées par repas et se décomposant vivant ? Ce mystère fait partie des phénomènes inexpliqués de Tazmamart. Jamais, je pense, on n'a vu des êtres humains faire preuve d'une telle résistance, d'une telle volonté de vivre.

Haifi avait été condamné à vingt ans. Il avait passé trois longues années sur sa dalle, dans le noir absolu, vêtu seulement d'une chemise, été comme hiver. Il mourut en octobre 1989. Après sa mort, une escouade de militaires désinfecta sa cellule pendant une semaine. Nous les entendions vomir, cracher leurs tripes. Ils aspergeaient cet antre sombre de produits chimiques, vomissaient encore, recommençaient. Mais la puanteur avait tellement imprégné la cellule, la dalle, les murs et le sol qu'elle ne disparut jamais.

« Maxwell R. » Jusqu'à mon dernier souffle, je bénirai ce vieil Américain dont je ne peux révéler le nom. Sans lui, personne ne serait sorti vivant de Tazmamart. Sans son intervention discrète mais décisive, nul n'aurait été en mesure de témoigner, de dire ce que des hommes souffrirent dans ce bagne sinistre. Grâce soit donc rendue à cette éminence grise, cet homme de l'ombre qui permit à ceux d'entre nous qui ont survécu de revoir le soleil.

Officiellement, Maxwell R. n'existe pas. Il ne s'exprime ni n'apparaît en public. On ne voit jamais sa photo dans les journaux, pas plus aux États-Unis qu'ailleurs. Maxwell R. n'a cessé, toute sa vie, de rester en retrait, d'agir en sous-main. Son action n'en est que plus efficace. Son adresse à Washington, que je connaissais par cœur car il y a des choses qui restent dans la tête, qui ne s'estompent pas, est l'adresse d'un citoyen ordinaire parfaitement anonyme. Elle n'éveille l'attention de personne. Officiellement toujours, cet ancien de la CIA a pris sa retraite depuis longtemps. Mais des hommes comme lui ne se retirent jamais.

J'ai été en contact avec lui du temps de mes activités dans les services secrets marocains. Je l'ai vu pour la dernière fois à Paris à la fin de l'année 1970. C'est à lui que je décide de m'adresser. A qui d'autre pourrais-je demander de faire quelque chose pour nous ? Ma famille ne peut rien. Et puis pourquoi essayer de la joindre ? Je pourrais apprendre que certains de ses membres sont morts, d'autres malades, ce qui me porterait un coup fatal.

Depuis deux ans, je tente de soudoyer un garde. Il tremble de peur, ne répond à aucune de mes propositions. En plus, il est très difficile de parler aux geôliers. Le seul fait de nous dire un mot de trop en ouvrant les portes de nos cellules risque de leur coûter la vie. Le coéquipier d'un garde est toujours susceptible de moucharder, seule façon pour lui de monter en grade.

L'approche fut donc longue. Le garde détournait la tête chaque fois que je lui adressais la parole, s'empressait de refermer ma porte. Mais la convoitise l'emporta sur la crainte.

— Si tu postes une lettre pour moi, lui dis-je, tu auras dix millions d'anciens francs qui seront déposés à l'adresse que tu m'indiqueras.

Pendant de longs mois, il répéta :

— Je ne peux pas. C'est trop risqué.

Un jour, enfin, il céda. Il m'avait fallu deux ans pour arriver à mes fins. Il m'apporta dans ma cellule un bout de papier, une bougie, une allumette et un stylo. Rapidement, en style télégraphique, j'écrivis à Maxwell. Je lui dis que nous étions, mes deux frères et moi, à Tazmamart depuis des années, en compagnie de militaires condamnés dans les affaires de Skirat et du Boeing de Kenitra.

Le garde prit la lettre. Il n'eut de permission que des mois plus tard. Il gagna son village, à des centaines de kilomètres de Tazmamart, fit poster l'enveloppe par quelqu'un de sa famille.

La réponse de Maxwell me parvint au bout de huit mois.

Il me disait : « Nous savons tout sur l'extérieur de Tazmamart, mais rien sur ce qui se passe à l'intérieur. Décrivez-nous vos conditions d'existence. Donnez-nous les noms de vos camarades de détention. »

Je lui répondis par la même filière. Je lui décrivis la nourriture qu'on nous servait, lui racontai que nous vivions perpétuellement dans le noir. Je mentionnai tous ceux que j'avais connus dans le bâtiment 2 de Tazmamart, énumérai les survivants et les morts.

Le garde prit de nouveau la lettre, attendit une autre permission. Les mois passèrent, interminables. Enfin, la seconde réponse me parvint, envoyée, comme la première, dans la famille du garde. Son laconisme me réchauffa le cœur. Maxwell disait simplement : « Essayez de tenir. Ne vous inquiétez pas. Soyez certain que le président des États-Unis agira. »

Ensuite, le silence, jusqu'au moment où des avions survolèrent Tazmamart pendant plusieurs jours, dans un vacarme assourdissant. Consterné, je pensai :

— C'est la guerre.

Je crus que le Maroc venait d'attaquer l'Algérie. En fait, ces avions ne chassaient que des sauterelles qui avaient envahi la région. Ensuite, leur vacarme cessa. Nous retrouvâmes les bruits habituels que nous tentions de discerner, le piaillement des oiseaux que nous connaissions bien et celui d'autres oiseaux, plus rares, dont nous cherchions à identifier le son. L'un d'eux me frappait plus particulièrement. C'était une chouette. A la tombée de la nuit, le 1er janvier 1991, elle s'était posée sur le toit de notre bâtiment. Elle chuinta sept fois puis s'envola. Elle revint tous les soirs. Elle hululait, toujours sept fois. Au bout de deux mois, j'appelai mes frères et les autres détenus pour leur parler de cette chouette mystérieuse. Je leur dis :

— Nous quitterons bientôt le bâtiment. Ou bien nous sortirons les pieds devant.

Une intuition me soufflait que quelque chose — quoi ? — allait se produire. Je me souvins de ma mère me racontant l'histoire du palais royal de Meknès construit par le sultan Moulay Ismaël, qui voulait imiter son contemporain Louis XIV. Ce palais devait avoir la dimension d'une ville de 200 000 habitants et être construit sur des souterrains abritant la plus grande prison qui puisse exister. Son édification dura cinquante ans, coûta une fortune et des milliers de vies humaines. Aujourd'hui à l'abandon, il abrite des milliers de chouettes.

— Cet oiseau, m'avait dit ma mère, annonce la mort et l'abandon d'un lieu construit sur les fondements du crime et de l'injustice.

L'espoir renaît, retombe. La mort continue à nous dévorer. Le 5 mai 1991 le capitaine Bendoro s'éteint. Depuis son transfert à Tazmamart, en 1973, il ne s'est coupé ni la barbe ni les cheveux. Sa barbe descendait jusqu'à ses genoux, ses cheveux lui tombaient sur le dos. Personnage singulier, il récitait à haute voix, tous les vendredis, une sourate du Coran, la sourate « El Kahf » *(la Caverne)*, qui comporte cent dix versets. Dans le coma depuis une semaine, il reprend conscience brusquement le 1er mars pour psalmodier la même sourate. Tout de suite après, il perd de nouveau connaissance, jusqu'à la fin. Ainsi disparaît à son tour un des plus robustes d'entre nous.

Un autre colosse, le sergent Bouchaïb Siba, mécanicien de l'armée de l'air et ami de Rachid Lamine, condamné à trois ans, nous stupéfie par son endurance et sa capacité de résistance.

Mystique, Bouchaïb s'intéresse à tout. Nous parlons beaucoup avec lui, surtout Midhat. Un jour, nous évoquons le bouddhisme et les bonzes du Tibet, capables de résister à la faim, au froid et au manque de sommeil. Très impressionné, Bouchaïb décide de les imiter, de ne plus manger, de ne plus dormir, de ne plus se couvrir. Pendant quarante jours et quarante nuits, il n'arrête pas de marcher dans sa cellule, sauf pour faire ses prières. Nous l'entendons constamment marteler le sol.

— Qu'est-ce que tu fais, Bouchaïb ?
— Je marche...
— Pourquoi ?
— Je m'entraîne. Une fois libéré, j'irai à pied à La Mecque.
— A pied ? Et par où passeras-tu pour atteindre l'Arabie Saoudite ? Tu y es déjà allé ?
— Jamais. Et vous ?
— Plusieurs fois.
— Alors racontez-moi.

Bayazid et moi traçons son itinéraire. Nous dressons la liste des pays qu'il devra traverser. Nous lui parlons de l'Arabie Saoudite, que nous connaissons bien.

Tout d'un coup, la conversation s'arrête. En dépit de nos appels, Bouchaïb s'enferme dans son mutisme. Il n'en sortira que pour nous dire :

— J'ai appris le langage des oiseaux.

Dès lors, il passera son temps, jusqu'à notre libération, à leur parler. Il parle aussi aux chiens. Il aboie en plein milieu de la nuit, pendant de longues heures, nous cassant les oreilles.

La chouette, le soir, revient pousser ses sept cris. Sept cris pour sept hommes. Le temps s'écoule. Toujours la puanteur, les excréments, le bruit. Midhat et Bayazid ne bougent plus depuis longtemps.

Le 28 juin 1991, l'adjudant-chef responsable de notre

bâtiment vient ouvrir les cellules des quatre derniers militaires encore en vie après vingt ans de détention dans ces conditions effroyables : le lieutenant Daoudi, le lieutenant Bine Bine, le sergent Bouchaïb et le sergent-chef Achour.

— Ramassez vos affaires, leur dit-il.

La bouche près du trou de la lucarne, je lui demande :

— Que se passe-t-il ?

— Je ne sais pas très bien. Les quatre militaires sont transférés au bâtiment 1. Vous, vous restez là.

Le départ de nos amis nous consterne et nous inquiète. Vont-ils être libérés ? A-t-on considéré qu'ils ont enfin purgé leur peine ? Loué soit Dieu. Mais nous qui avons été enlevés et incarcérés sans jugement, allons-nous rester là, seuls ?

Douze jours d'incertitude, d'angoisse. Le 10 juillet, on nous sert un couscous, ce qui est inhabituel. En principe, nous avons droit à un « repas amélioré » par mois : quelques bouts de carottes et de pommes de terre dans trois quarts de litre d'eau. La plupart du temps, on oublie de nous le donner. Ce couscous est donc un véritable festin, même si mes papilles gustatives sont depuis longtemps incapables de reconnaître une quelconque saveur.

Peu après, les gardes nous déménagent. Nous occupons les cellules situées en face de la porte d'entrée du bâtiment, où nous ne sommes plus que tous les trois. On transfère Midhat et Bayazid sur des brancards. Petit à petit, les gardes se déridert. Leur attitude change. Le matin, en ouvrant nos portes, ils nous disent « bonjour » sans animosité. Le soir, en repartant, ils nous lancent :

— Bon courage. Et que Dieu vous aide.

Pourtant, rien ne se produit et l'inquiétude ne nous quitte pas. Tous les soirs, la chouette revient pousser ses sept hululements. Je la guette, comme un intermédiaire bienveillant, un envoyé du Ciel. Le temps s'étire encore. La canicule baisse peu à peu. Juillet s'achève, puis août. Le 11 septembre, la messagère ne chuinte pas. Mon cœur se serre. Quel nouveau malheur annonce cette absence ? La chouette ne revient ni le 12, ni les jours suivants. Elle est partie, pour toujours.

Le 15 septembre, comme tous les matins, le garde ouvre la porte de nos cellules. Au lieu de nous donner de l'eau pour la journée, il nous demande de rassembler toutes nos affaires et, surtout, de ne rien laisser.

— C'est très beau, dis-je. Mais sur quoi vais-je m'asseoir après ?

Il répond :

— Ce sont les ordres.

Un adjudant-chef, adjoint du directeur de Tazmamart, le commandant Cadi, alias « le Juge », arrive à son tour et nous annonce :

— Sortez tout. Vous allez avoir d'autres vêtements, des vêtements neufs : une veste de treillis, un pantalon, des espadrilles.

Il répète avec insistance :

— Évacuez tout. Ne laissez strictement rien dans vos cellules.

— Que se passe-t-il ?

— Vous allez partir d'ici.

— Partir ? Pour aller où ?

— Je ne sais pas. Dans une autre prison, peut-être...

— Quelle prison ?

— Je l'ignore. Je sais seulement que vous sortez. Vous n'avez à vous inquiéter de rien.

Le ton de l'adjudant-chef est presque aimable, ce qui me surprend, comme m'a intrigué le changement de comportement des gardes. Dans le courant de l'après-midi, j'entasse toutes mes guenilles devant la porte de ma cellule. J'ai enfilé le treillis qu'on m'a donné le matin. Les gardiens sortent eux-mêmes les hardes de mes frères, qui ne bougent plus depuis longtemps.

Les heures s'écoulent. Il ne reste qu'à attendre, sans savoir ce que nous allons devenir. Le soir, au dîner, on nous sert des pommes de terre et des olives, sans viande. Jamais, depuis notre détention, on ne nous a traités aussi « royalement ».

À la tombée de la nuit, nous entendons des bruits de moteurs. Des véhicules pénètrent dans la cour de la prison. Portières qui claquent, voix d'hommes. Il y a un tel tapage qu'on se croirait au marché. Tout ce remue-ménage n'a pas lieu près de nous, mais du côté du bâtiment 1. Nous pensons donc qu'il ne nous concerne pas. Pourtant, l'adjudant-chef s'approche de nos cellules et nous dit :

— Avez-vous mis les vêtements qu'on vous a donnés ce matin ? Ne gardez rien d'autre sur vous.

Le remue-ménage se déplace du côté de notre bâtiment. L'adjudant-chef ouvre la porte de ma cellule. Je l'entends distinctement dire à quelqu'un :

— Celui-là bouge encore et peut se lever.

J'aperçois alors, dans l'encadrement de la porte, le capitaine M'Brouk, médecin de la gendarmerie : une vieille connaissance. Il a vieilli. Il est devenu commandant. En blouse blanche, il s'approche de moi, m'aide à sortir.

— Ne vous inquiétez pas, me dit-il. Nous allons vous soigner.

En quittant ma cellule, je tombe dans le couloir sur le commandant Fadoul. Vêtu d'une blouse bleue, il fume. Il porte aussi des lunettes. J'apprendrai plus tard qu'il a, depuis notre dernière rencontre, perdu l'œil gauche. On l'a emmené à Barcelone se faire énucléer. Pour quelle raison, je l'ignore. Je m'en moque, d'ailleurs. Il me demande si j'ai gardé sur moi quelques vieilles choses de la prison que nous quittons.

– Un simple morceau de chiffon qui me sert de mouchoir.

– Jette-moi ça par terre. Nous te donnerons non seulement des mouchoirs mais tout ce qu'il te faut.

Des militaires en treillis ou revêtus de blouses bleues identiques à celles de Fadoul nous attendent à l'entrée du bâtiment. Ils m'habillent, par-dessus mon treillis, d'une djellaba, me mettent un bandeau sur les yeux, des menottes aux poignets. Ils rabattent le capuchon de la djellaba sur mon visage. Deux hommes me soutiennent pour marcher. Nous traversons toute la cour avant de monter dans un camion. On me fait asseoir sur une banquette métallique. Je sens le froid du métal. J'attends, assis, entouré de mes deux gardes, pendant une heure, avant que d'autres militaires sortent mes deux frères sur des civières.

Les moteurs des camions se mettent en marche. Nous démarrons. Les camions roulent très longtemps, sur route, mais surtout sur piste. Chaque cahot provoque en nous des douleurs insoutenables. Bringuebalés dans tous les sens, nous avons atrocement mal au dos, aux reins, à la colonne vertébrale rendue raide par dix ans d'enfermement.

On cherche visiblement à nous empêcher de reconstituer l'itinéraire qui mène à Tazmamart. Quatre heures plus tard environ, le convoi s'arrête. Il stoppe devant d'autres véhicules dont le moteur tourne. J'apprendrai par la suite que cet autre convoi est dirigé par le colonel Serbout, inspecteur général de la gendarmerie. Il doit nous conduire, sous bonne escorte, dans un endroit où nous devons être soignés. Nous roulons toute la nuit avant d'arriver à destination. J'ai toujours aussi mal, je ne vois rien puisqu'on ne m'a pas enlevé mon bandeau. Pourtant, mon cœur bat. La chouette ne nous a pas trompés. Sa présence annonçait bien l'évacuation du bâtiment 2. Ses sept hululements symbolisaient les sept rescapés de cet enfer.

Nous avons enfin quitté nos cellules infâmes, les cafards, les scorpions qui, tout au long de ces années, n'ont piqué qu'un détenu dont la main est restée gonflée quelque temps, et les serpents, plus rares — comme celui que Bayazid a entendu ramper plusieurs jours autour de sa dalle —, qui, par un miracle singulier, n'ont jamais mordu personne.

Mes deux gardes me font descendre du camion. Je perçois aussitôt la voix de Fadoul.

— Quel est ton nom ?

— Ali Bourequat.

Ne me reconnaît-il pas ? Il faut dire qu'il y a de longues années que nous ne nous sommes pas vus. D'un autre côté, la djellaba et le bandeau dissimulent mon visage. De toute façon peu importe. Fadoul ajoute à l'intention de son adjoint dont je saurai plus tard qu'on le nomme « Hadj Seghir », alias lieutenant Halimi :

— Chambre 14 pour celui-là.

Deux gardes m'accompagnent au deuxième étage d'un bâtiment, me font entrer dans une pièce et asseoir sur ce qui semble être un lit, un vrai. Je le tâte en me disant :

— Tiens, un lit...

C'est la première fois depuis seize ans que je touche un matelas. Celui-là me paraît douillet, moelleux. Un des gardes m'enlève mon bandeau. Je regarde autour de moi. La vue brouillée par dix ans d'obscurité, je remarque dans le flou, car les images dansent devant mes yeux, deux jeunes gendarmes en treillis. Ils ont l'air de bonne humeur. Ma façon de tâter le lit semble les amuser. L'un d'eux me dit :

— On va vous enlever vos menottes.

Un autre gendarme arrive, en effet. Il me salue d'un sourire, me débarrasse de mes menottes et s'en va.

Les deux jeunes gens m'observent toujours. Sur le lit se trouvent une couverture pliée, des draps propres, un oreiller. Je prends l'oreiller entre mes mains. Lentement, je le palpe, jouissant de sa douceur. Riant toujours, les deux jeunes gens me demandent si tout me convient.

— Oui, oui...
— Le voyage vous a certainement fatigué...
— Oui. J'ai très mal au dos.
— Allonge-toi, alors.

Fadoul, toujours en blouse bleue, sans le moindre insigne de son nouveau grade (il a été promu colonel), et un médecin en blouse blanche pénètrent dans ma chambre. Fadoul prend la parole.

— Ne t'inquiète pas. Ici, tu vas pouvoir manger et te soigner.

— Tout de suite, dis-je. Je n'ai rien avalé depuis hier. J'ai faim.

J'ai noté qu'il faisait jour. J'ajoute donc :

— Je voudrais un petit déjeuner.
— Bien sûr, dit le colonel.

Un garde entre avec un plateau. Il y a du café au lait, du beurre, du fromage, de la confiture et du pain frais.

Fadoul me dit :

— Tu peux demander autre chose : tout ce que tu veux. Mais n'utilise pas les draps avant de t'être lavé.

Dix-huit ans de solitude

On m'annonce que je vais toucher un chandail, un pyjama, des mules, une serviette de toilette, des maillots de corps et une trousse contenant une brosse à dents, un tube de dentifrice, une savonnette et une brosse à cheveux. On me demande d'aller chercher tout cela dans une autre pièce. En sortant, je m'aperçois que ma chambre se ferme de l'extérieur. Outre le lit, elle comprend une table, un tabouret et, dans un coin séparé par un mur du reste de la pièce, un lavabo et des toilettes. On a percé un trou d'aération dans la paroi donnant sur l'extérieur. Dès que mes gardes me laissent seul, je me hisse péniblement sur le tabouret pour regarder dehors. J'aperçois des pins, un très beau paysage vallonné typique du Moyen-Atlas et de la région de Meknès. Je ne me trompe pas. Je me trouve en effet près d'Ifrane, dans un bâtiment abritant en temps normal une colonie de vacances pour des enfants de militaires.

Tous les rescapés de Tazmamart sont là : mes deux frères, dont je finirai par apprendre qu'on les a installés au premier étage, nos quatre compagnons du bâtiment 2 et les vingt et un survivants du bâtiment 1 : vingt-huit hommes en tout, que les médecins vont s'efforcer de rendre « présentables ».

Peu de temps après, la porte s'ouvre. Deux hommes entrent : un adjudant-chef, accompagné d'un grand jeune homme mince dont le tee-shirt blanc porte les chiffres : « 501 ». C'est le coiffeur. Il me rase la barbe, commençant par se servir d'une tondeuse, me coupe les cheveux. Pour la première fois, je me sens en confiance. Même s'il ne me parle pas, le jeune homme sourit. Par gestes, uniquement, il me fait savoir de quel côté je dois pencher la tête. L'adjudant-chef me demande ensuite de prendre le pyjama, les mules et la serviette.

— Tu vas te doucher.

Deux infirmiers et un médecin m'attendent à la douche.

On me déshabille. Les infirmiers me lavent entièrement comme un bébé, avec un gant de toilette. Mais dix ans de crasse accumulée ne partent pas ainsi. Ils frottent, frottent. Ils recommenceront plusieurs fois au cours des jours suivants. Ensuite, lorsque je serai un peu moins faible et capable de me doucher seul, ils me donneront un tampon à récurer.

Je retrouve des sensations oubliées : le contact de l'eau chaude, la douceur du savon, la texture du dentifrice. À Tazmamart, mes dents se sont déchaussées petit à petit. Un jour, alors que je mâchais, celle du bas se sont affaissées toutes ensemble hors de ma bouche. Je les ai remises en place avec précaution. À partir de ce moment, j'ai fait tremper mon pain dans l'eau pour le ramollir. Je le mangeais par bouchées minuscules, presque liquides. Mes gencives, alors, se sont consolidées d'elles-mêmes. Je n'ai perdu, au cours de ces dix années, que les molaires de la mâchoire supérieure gauche. D'autres détenus, qui les trituraient dès qu'ils les sentaient bouger, sont totalement édentés.

Première nuit dans un lit depuis dix ans. Le contact des draps, la douceur de l'oreiller. Le sommeil, enfin, le silence. On prend soin de moi comme des autres que je ne vois pas et que, hormis mes frères, je ne verrai jamais. Visite médicale, pesage, mesure de la taille. J'aurai affaire à un psychiatre, un dentiste, un ophtalmologiste, un généraliste, un cardiologue, un kinésithérapeute. En me les présentant, le troisième jour, Fadoul me dit :

— Le roi vous a graciés.

Je réponds vertement :

— Graciés de quoi ? Je n'ai rien fait, je n'ai jamais été jugé, jamais condamné. On ne peut pas gracier quelqu'un qui n'a pas été condamné !

— C'est tout ce que j'ai à te dire, réplique sèchement le

colonel borgne. Le roi t'a gracié et tu vas t'en aller. Les médecins vont te remettre en état. Ensuite, tu rentreras chez toi.

Je m'apprête à l'insulter. Gentiment, comme on parle à quelqu'un d'un peu demeuré, le chef de l'équipe médicale, le commandant Fijri, psychiatre de son état, me conseille de me taire, de me laisser soigner et de rentrer au plus vite à la maison.

On me conduit ensuite, ainsi qu'on l'a fait pour chacun des autres, à la visite dans deux camions aménagés l'un en cabinet dentaire, l'autre en salle de radiographie. Le gendarme qui m'accompagne à la radiographie me fait des signes insistants de la tête. Je mets du temps à comprendre qu'il me désigne un miroir contre un mur. Il n'y en a pas dans les chambres et je ne me suis pas encore vu. Subrepticement, je jette un œil dans la glace.

— Qui est cet homme ? me dis-je.

C'est moi. Je ne me reconnais pas. Le visage étranger et vieilli dont le miroir me renvoie le reflet n'est pas celui que j'ai connu il y a dix-huit ans. Je suis devenu un autre. Mais j'existe de nouveau. En quelques secondes, l'image que j'ai de moi-même se transforme pour toujours.

Les examens médicaux terminés, le médecin-commandant M'Brouk, de la gendarmerie, ramasse toutes les enveloppes contenant les documents relatifs à l'état de santé des rescapés en disant :

— Je vais les remettre au roi.

Plusieurs semaines s'écoulent. Je sympathise avec mes gardes. Ils me demandent comment nous vivions à Tazmamart. Je leur raconte ce que nous avons subi dans ce mouroir. Ils me fixent avec effroi, me disent :

— Ce que raconte la presse internationale est donc vrai ?

— Oui, c'est vrai.

Sans doute éprouvent-ils pour moi de la compassion. De temps à autre, ils me livrent des informations. Le 27 septembre 1991, ils m'annoncent ainsi le départ du lieutenant M'Barek Touil pour le lendemain.

— Il part en Amérique, me disent-ils. Il va rejoindre sa femme.

— Ah bon ?

— Oui, oui.

Je n'ai pas encore retrouvé mes frères. Je demande sans cesse à les rencontrer. Chaque fois, Fadoul, que je harcèle sans relâche, me répond :

— Ils vont très bien. Tu n'as pas à t'inquiéter pour eux. Plus tard, je t'accompagnerai à l'étage où ils se trouvent.

— Quand ?

— Bientôt.

En fait, un garde m'apprend en douce, en octobre, que Bayazid et Midhat ont été transférés, le 4 de ce mois, à l'hôpital de Rabat : leur état est trop grave pour qu'on les soigne ici. Je menace alors de faire un scandale si on ne m'emmène pas les voir. Je me sens d'autant plus furieux que je sais par les médecins que les détenus seront libérés en trois fois et que nous faisons normalement partie, mes frères et moi, de la première fournée. Or un groupe de dix détenus part le 15 octobre. Un second groupe s'en va le 22. Le 29 octobre, un troisième groupe, où se trouvent Bine Bine et Daoudi, est relâché. De tous les survivants de Tazmamart, seuls mon camarade Achour et Mohammed Rais, du bâtiment 1, installés au même étage que moi, resteront prisonniers. Ils retourneront en prison à Kenitra. Le roi, tout en refusant de les gracier, a ramené à trente ans leur condamnation à la réclusion perpétuelle. Aujourd'hui, grâce à Dieu, ils sont quand même libres. Une campagne inlassable menée par des organisations humanitaires a fait céder Hassan II.

A partir de novembre, donc, je reste seul. Je dis au lieutenant Halimi, adjoint de Fadoul :

— J'ai le sentiment qu'on ne me libérera pas. Peut-être avez-vous l'intention de m'emmener dans une autre prison ?

— D'abord, répond-il, ici, ce n'est pas une prison. C'est un centre médical.

— Dans un centre médical, on ne ferme pas les portes de l'extérieur et les gendarmes ne montent pas la garde dans les couloirs.

« Hadj Seghir » hurle presque :

— Des gendarmes ? Qui t'a dit que c'étaient des gendarmes ?

— Personne, mais je le sais. J'en ai reconnu un qui s'appelle Zembi. Je ne peux l'oublier avec ses yeux qui louchent. Il est adjudant-chef. C'est lui qui venait me serrer le bandeau sur les yeux quand nous étions au camp Choukhmane !

Halimi se radoucit. Il me propose de sortir me promener au soleil, d'aller m'aérer dans la cour où stationnent plusieurs camions militaires. Son mouvement d'humeur passé, il redevient lui-même, jovial, gentil. C'est un homme de trente-cinq ans, de taille moyenne, au visage agréable. En l'absence de Fadoul, on lui a confié la charge des détenus, dont moi, le dernier. Je suis bien entouré : il y a dans ce centre médical un lieutenant-médecin, deux infirmiers, un adjoint de santé, le cuisinier et ses aides, plus le coiffeur que j'ai, à cause de son tee-shirt, surnommé « 501 » avant de savoir, longtemps après car l'anonymat est de rigueur, son prénom : Karim. Je l'aime bien. Il me rase tous les jours, puisque je n'ai pas le droit d'avoir mon propre matériel de rasage.

Je suis Halimi dans la cour. Il m'indique une table où m'attendent le lieutenant-médecin et un autre officier. Je les rejoins et je prends mon café en leur compagnie. Je déjeune également dehors.

Dès lors, je passe toutes mes journées au soleil dans la cour, entouré par les gardes qui tentent de me distraire. Ils ont même apporté un ballon.

Le temps passe encore. Je dois attendre le rétablissement de mes frères pour être libéré. C'est du moins ce qu'on me dit. Il commence à faire froid. La neige tombe le 27 novembre, recouvrant bientôt la cour.

La neige... Combien de fois en ai-je rêvé à Tazmamart ! Je n'ai qu'un désir : la fouler, la prendre entre mes paumes, la toucher. Je demande, ce matin-là, à sortir. Le médecin hésite un instant.

— Vous allez prendre froid, me dit-il.

Je m'en fous. Pour rien au monde je ne renoncerais à marcher dans l'air vif, sentant la neige craquer sous mes pieds. Le médecin comprend et finit par me laisser sortir. Je traverse la cour. Je voudrais gambader comme un enfant. Impossible : j'ai rapetissé de neuf centimètres et ma colonne vertébrale, raidie par la position assise, ne me permettra plus jamais de me mouvoir normalement. Je suis, hélas, incapable de courir.

Cette neige que je touche et que je frotte contre ma joue me donne une sensation de paix, de quiétude, qui se prolongera au cours des deux ou trois dernières semaines, troublée seulement par les Mirage de la base aérienne toute proche qui passent souvent au-dessus de nous.

La vision de ces appareils ravive mon amertume. La France, me dis-je, sait fournir des armes, des avions de combat pour semer la mort. Mais qu'a-t-elle fait pour nous ? Il est vrai que nous sommes des Français de seconde zone, des « bougnoules ». Je l'avais presque oublié.

Autour de moi, petit à petit, le vide se fait. Le médecin s'en va, Halimi, dit « le Hadj » (ils ont tous la manie de se parer de ce titre), aussi. Il ne reste que trente gendarmes pour assurer la sécurité intérieure, un infirmier, le cuisinier, le chauffeur et l'adjudant-chef aux yeux torves nommé Zembi, responsable du camp. A l'extérieur, deux compagnies de la brigade légère de la sécurité de l'armée montent la garde. Personne ne peut sortir ou entrer sans autorisation. Les militaires ont l'ordre de tirer à vue.

Mon impatience augmente. Je menace d'entamer une grève de la faim si on ne me donne pas de nouvelles de mes frères. Rien ne vient. Je mets alors ma menace à exécution. Je cesse de m'alimenter pendant plusieurs jours. Affolé, l'adjudant-chef Zembi téléphone à Rabat au colonel Fadoul pour l'informer de la situation. Fadoul envoie aussitôt le médecin-lieutenant qui s'est occupé de moi et deux officiers, dont Halimi. Ils me donnent enfin des nouvelles de mes frères et m'expliquent que la date de ma libération dépend de leur état de santé. Ils m'apprennent que Bayazid a été opéré de la hernie qu'il traîne depuis dix-sept ans et qu'il se remet lentement.

— Patience. Dès qu'ils iront mieux, tu t'en iras. Tu n'as aucune inquiétude à avoir là-dessus, précise « Hadj Seghir ».

— Je connais ce discours. Je n'y crois pas.

— Patience, murmure Halimi. Patience...

Le temps s'étire de plus en plus. Je passe mes journées au soleil, à manger, à parler avec les gardes, de jeunes hommes (le plus âgé n'a pas trente ans) qui, par bribes, me racontent ce qui est arrivé pendant les dix années que j'ai passées dans le noir. La guerre du Golfe, les chefs d'État déchus ou élus, la chute du mur de Berlin, l'effondrement du communisme, la disparition de l'Union soviétique, l'irruption de l'intégrisme musulman en Iran, sa montée en puissance dans l'ensemble du monde islamique, ils me narrent tout cela. Ils m'apprennent aussi la mort violente de mon vieil ennemi le colonel Dlimi. Peu à peu, je réintègre le monde, ses beautés mais aussi ses fureurs.

Le soir, je gagne le foyer où je regarde la télévision. J'ai le droit de tout voir, sauf les informations. Pourquoi, je n'en ai pas la moindre idée. Mais les gardes me font sortir au moment du journal télévisé qui n'est de toute façon que de la propagande, un tapis rouge déroulé en permanence sous les pieds de Hassan II.

Vers 22 heures, le 28 décembre 1991, « Hadj Seghir » pénètre dans le foyer. Alors qu'on me laisse d'ordinaire suivre les émissions jusqu'à la fin des programmes, il me demande d'aller me coucher. Nous devons prendre la route le lendemain à 5 heures.

Une ultime angoisse me serre le cœur. D'une voix mal assurée, je lui dis :

– Pour aller où ?

Agacé mais presque affectueux, il réplique :

– Pourquoi poses-tu cette question ? Tu t'en vas. Tu es libéré. Tu rentres chez toi. Que veux-tu de plus ?

Que souhaiter d'autre, en effet ?

Le lendemain, vers 5 heures, les gardes viennent me chercher. Je fais ma toilette avant de prendre mon petit déjeuner dans la salle de télévision. Un garde me revêt d'une djellaba et plaque sur mes yeux des lunettes de plastique bourrées de coton. Cette fois, on m'épargne les menottes. On me fait monter dans un camion. Je m'allonge sur un matelas posé par terre, entre les deux banquettes. Le camion démarre. Nous roulons plusieurs heures avant de nous arrêter. Un homme me fait descendre du camion et m'installe dans une ambulance qui nous attend. Nous reprenons la route. Je comprends que nous avons atteint Rabat et que nous nous dirigeons sans doute vers Casablanca. En effet, j'entends nettement un homme assis à côté du chauffeur dire :

— Arrête-toi, nous ne paierons pas.

Il ne peut s'agir que de l'autoroute à péage. Une heure plus tard, l'ambulance s'arrête. On m'enlève la djellaba et mes lunettes.

J'ai retrouvé une vue presque normale. Les images ne bougent plus. Je reconnais, pour y être allé souvent autrefois à l'occasion de formalités administratives, la cour du commissariat central de Casablanca, où se trouve déjà le colonel

Fadoul, en civil. Il me salue et me présente le chef de la police judiciaire, debout à ses côtés. Il ajoute :

— Tu as remarqué que nous t'avons bien traité.

J'explose aussitôt. Je hais ce Fadoul, sa manie des déguisements, son arrogance, son cynisme.

— Bien traité ! Personne ne nous a aussi maltraité et torturé que toi !

Le borgne le prend mal. Il hurle à son tour :

— Figure-toi que si on m'en avait donné l'ordre, je t'aurais égorgé comme un poulet !

Le commissaire intervient pour nous calmer l'un et l'autre. Il me dit ensuite :

— À présent, tu es chez nous. Le problème est réglé.

Fadoul s'en va. Bon vent, colonel. Le commissaire me conduit jusqu'à son bureau. C'est un fonctionnaire de police ordinaire, qui fait son travail. Il dresse un procès-verbal d'identité que je signe. Il me fait alors descendre dans une pièce où je retrouve enfin mes deux frères.

Nous sommes le 29 décembre 1991. Il est midi. Midhat et Bayazid sont en train de manger. Je ne les ai pas vus depuis que je suis allé dans leurs cellules, des années plus tôt. En plus, je ne les avais distingués, à cette occasion, que dans une semi-obscurité, la porte entrouverte des cellules ne laissant entrer qu'une faible lumière.

En m'apercevant, ils interrompent leur repas. Je me lance dans leurs bras. Notre émotion est impossible à décrire. Dieu sait que nous avons vieilli, que nous avons changé... Nous nous redécouvrons. La rage se mêle à la joie. Midhat, qui a perdu vingt centimètres, est devenu bossu. Sa cage thoracique est totalement déformée, sa capacité respiratoire a diminué de 60 %. Quant à Bayazid, il est enflé, boursouflé. On diagnostiquera à son sujet, au Val-de-Grâce à Paris, une maladie endocrinienne.

Petit à petit, alors que nous nous résignons à nos métamorphoses, la joie l'emporte. Nous parlons, nous parlons encore, sans pouvoir nous arrêter, jusqu'au soir. Trois frères qui ont vécu côte à côte pendant dix ans sans pouvoir se prendre par l'épaule ont des milliers de choses à se dire.

Nous passons la nuit au commissariat. Le lendemain, en compagnie de deux inspecteurs de police, nous gagnons Rabat à bord d'une fourgonnette. Nous sommes assis à l'arrière. Les inspecteurs, pendant tout le trajet (quatre-vingt-dix kilomètres), plaisantent avec nous. Ils racontent des blagues et, une fois dans les faubourgs de Rabat, lorgnent les femmes.

– Tu as vu celle-là ?

Ils rient de bon cœur, en hommes libres qu'ils sont. Ils nous déposent au ministère de la Défense nationale, où nous attend le procureur général militaire.

Nous nous retrouvons devant un homme d'un certain âge, aux cheveux argentés, aimable, courtois, élégamment vêtu d'un costume marron. Manifestement gêné, il ouvre et feuillette les dossiers qui encombrent son bureau, nous regarde, consulte de nouveau ses documents. Mal à l'aise, il ne sait trop quoi dire. Il nous demande enfin notre identité. Puis il déclare :

– Vous savez qu'au Maroc, il appartient au Premier ministre de déférer un prévenu devant le tribunal militaire...

Il hésite, se racle la gorge, nous dévisage à la dérobée. Et il laisse tomber, comme accablé :

– Je ne dispose pas de charges suffisantes pour vous présenter devant le tribunal...

Silence encore. Il lâche enfin :

– Vous êtes libres, messieurs.

Vertement, je réplique :

– Libres, monsieur le procureur ? Cela veut dire quoi ?

Dix-huit ans de solitude

— Vous êtes libres, dit-il encore. Vous rentrez chez vous.
— Chez nous, où ? Il y a dix-huit ans, soit six mille sept cent cinquante jours que nous n'existons plus ! Nous avons passé dix ans, six mois, vingt-trois jours et douze heures à Tazmamart, ce cimetière pour morts-vivants, et vous nous demandez tranquillement de rentrer chez nous, comme ça, alors que nous n'avons ni papiers, ni argent, rien ! En plus, nous sommes dans l'enceinte du palais. Comment sortir d'ici ? Mes frères ne peuvent même pas bouger ! Au premier coin de rue, les services de sécurité du palais nous arrêteront ! Il n'est pas question pour nous de quitter ce ministère sans avoir, ce qui est la moindre des choses, prévenu notre famille qui habite Rabat et averti les autorités françaises. Car nous sommes français, monsieur le procureur. Français !

Il baisse les yeux, de plus en plus gêné. Je lui propose alors de demander au commissaire qui nous accompagne d'effectuer la démarche. Le commissaire note l'adresse de « La Roseraie », celle de mon frère installé à Salé ainsi que celle de mon beau-frère à Casablanca.

On nous installe dans des fauteuils, le long du couloir. Nous attendons longtemps, très longtemps. Chaque fois que le commissaire passe, je l'interpelle.

— Ce n'est pas possible ! Notre maison est à peine à deux kilomètres d'ici. Que se passe-t-il ? Pourquoi tout ce temps ?
— Oui, oui, répond le commissaire. Nous faisons le nécessaire.

L'attente s'éternise. Vers 18 h 30, le commissaire nous apprend que notre beau-frère vient de quitter Casablanca, qu'il ne tardera pas à arriver. Il n'en dit pas plus, mais nous comprenons : nous ne possédons plus rien à Rabat. Tout ce qui nous appartenait a été confisqué. Il n'existe plus nulle part, y compris dans les banques où nous déposions nos fonds, de trace de notre existence. Nous avons été gommés, rayés.

Mon beau-frère arrive vers 20 heures. Nous le questionnons tout de suite sur notre famille, notre mère. Nous ignorons encore sa trahison, sa responsabilité dans l'exécution sommaire de Moulay Ali Fakhim. Aimable, feignant l'émotion, il nous révèle que notre mère est morte en 1984. Quant à notre sœur Khadija, qui fut un temps enfermée avec nous au PF3 et au camp Choukhmane, elle a quitté le Maroc pour Paris, où elle vit désormais.

Notre beau-frère nous emmène chez lui, dans sa voiture, à Casablanca. Le 30 décembre, la presse du monde entier annonce notre libération. Les coups de téléphone se succèdent. J'entends pour la première fois depuis dix-huit ans la voix de ma fille, cette enfant innocente qui dormait lors de mon enlèvement. J'ai l'impression de ressusciter, d'émerger enfin du royaume des morts.

Le lendemain, après une nuit agitée, je téléphone au consul de France, M. Puissant. Il nous rend visite en compagnie de son adjoint M. Bontemps. Nous leur exprimons notre désir de gagner la France au plus vite. Le consul acquiesce, nous envoie un photographe pour les passeports, une assistante sociale pour nous acheter des vêtements, et la doctoresse du consulat.

Nous aurions voulu aller nous recueillir sur la tombe de notre mère, rendre visite à notre oncle maternel à Tanger. Hélas, nous quitterons le Maroc sans pouvoir réaliser notre souhait. Notre avion doit impérativement décoller pour Paris le 3 janvier 1992 à 16 heures. Nous abandonnons cette terre où nous avons jadis été heureux et que nous avons servie de notre mieux avant qu'elle ne devienne le pays de notre affliction. Le cauchemar est fini. Après le télégramme que j'ai envoyé à Hassan (« Je remercie Votre Majesté de cette décision de justice »), le combat, lui, commence...

— Bienvenue à bord de l'Airbus A320 de la compagnie Air France... Il est 16 heures, heure de Casablanca. Nous atteindrons Paris-Orly après deux heures de vol.

L'hôtesse est là, devant nous, avec son visage d'ange, ses yeux gris, ses cheveux blonds. Elle nous sourit, converse avec nous, nous témoigne une sollicitude dont nous avions perdu l'habitude. « La déesse de la Liberté »... J'ai une pensée émue pour Maxwell R. Sans lui nous ne serions pas là, dans cet Airbus tout neuf, en présence de cette jeune femme qui nous fixe avec tant de bonté. Plus tard, après avoir passé plusieurs mois au Val-de-Grâce où l'on nous emmènera dès lundi pour nous soigner, reconstituer notre squelette devenu transparent, privé de tout calcium, et délivrer Bayazid, grâce à une intervention chirurgicale, de ses ongles de pieds enfoncés comme des crocs dans sa chair, je partirai pour les États-Unis remercier cet homme de l'ombre qui nous a sauvés. Il me dira simplement :

— James Baker s'est rendu à Rabat.

L'avion décolle. Je n'arrive pas à y croire. Et pourtant c'est vrai. Midhat, Bayazid, réjouissons-nous. Nous sommes libres. Alors que nous survolons la mer, mon esprit rejoint nos compagnons de Tazmamart, les vivants et les morts, ces hommes à qui nous avons tant parlé sans jamais les voir, sauf Daoudi et Bine Bine qui me révélèrent en s'avançant vers moi dans le couloir, avec leurs chiffons autour de la tête, ce que nous étions devenus.

Mes amis, mes frères, vous rencontrerai-je un jour ? Pourrai-je enfin vous serrer dans mes bras, vous contempler, vous reconnaître, réentendre vos voix qui, si souvent, nous ont réconfortés ? Resterez-vous toujours des êtres sans visage, des appels dans la nuit, des mots criés par-delà les murs ?

Je me souviens des vers de Verlaine :
« Est-il possible, le fut-il,
Ce fier exil, ce triste exil ? »

Il est fini. Il nous a tous laissés brisés, anéantis, à jamais meurtris. Manolo disait : « Vous êtes ici à Tazmamart, où il n'y a ni pitié ni miséricorde. » Et pourtant... Mes compagnons, mes frères, Manolo, Rachid, Bine Bine, Boudjemâa, Daoudi, Bouchaïb, Bendoro, Haifi, Achour, Abdellah, M'Barek, Meloudi Seddik, cette pitié, c'est de vous que nous l'avons reçue, là-bas, au fond de nos cellules. Cette miséricorde, c'est vous et personne d'autre qui nous l'avez offerte. Que vous soyez vivants ou morts, sachez que rien de tout cela ne sera perdu, que nous serons toujours avec vous. Que l'Éternel, à tout jamais, vous bénisse et vous accueille. Car peu d'êtres humains auront, autant que vous, mérité Sa grâce.

ÉPILOGUE

L'ÉTERNEL JUGERA

Hassan,

A ma sortie du Val-de-Grâce, où mes frères et moi avons été soignés plusieurs mois, deux de tes agents m'ont abordé en plein Paris, l'un le long du boulevard Port-Royal, l'autre sur les Champs-Élysées. Tous les deux m'ont dit :
— Oubliez le Maroc. C'est votre intérêt.
Je n'oublierai pas. J'ai déjà témoigné contre ton régime en Angleterre, devant l'assemblée générale d'Amnesty International, en Autriche, en France, en Suisse, en Suède, aux États-Unis, à l'ONU, devant la commission des Droits de l'homme. Je ne m'arrêterai pas là. Mon combat ne prendra fin qu'avec ta chute.
Saint-Just avait raison. Les rois, du moins les rois tels que toi, dorment dans le crime. Le Coran, lui aussi, voit juste lorsqu'il clame : « Tout roi qui pénètre dans une cité la souille. »
Dors, Hassan. Dors dans tes palais au milieu de tes femmes, de tes maffiosi, de tes esclaves, de tes courtisans. Mais ne dors que d'un œil.
Tout souverain, as-tu dit, a son jardin secret. Or, il n'y a plus de secret : tu as dû lâcher prise. Ce n'est pas fini.

Dix-huit ans de solitude

L'opinion internationale, enfin lucide, se chargera de ton avenir.

Un tyran tel que toi n'a pas sa place dans le monde qui se prépare. Le XXIe siècle, dont sept ans seulement nous séparent, balaiera les êtres de ton espèce, leur corruption, leur sadisme, leurs trahisons.

Tu mérites la guillotine. Tu as trahi ton pays, ton peuple, les millions d'êtres humains que tu appelles pompeusement tes « sujets » mais qui redeviendront bientôt des hommes libres et fiers, débarrassés enfin de cette vénération absurde qu'à tes yeux ils te doivent.

Moi qui, avec toute ma famille, surtout ma mère que tu as fait bastonner en prison et mon père dont tu as calomnié la mémoire, t'ai malencontreusement aidé à te maintenir sur ton trône, je te le dis : tu seras renversé. La dynastie alaouite que tu as déshonorée a fait son temps. Tu n'agoniseras pas dans une cellule infâme, au fond du tombeau de Tazmamart. Car les rois, s'ils dorment dans le crime, meurent dans la soie. Pourtant, la fin de ton règne approche. Les vieux chiens finissent paralysés des reins, incapables de mordre. Ils aboient encore mais ils n'ont plus de dents.

Aboie, Hassan, aboie. Jamais tu ne pourras anéantir au cœur de l'Homme ce qu'il a de plus précieux : la dignité.

Saint Paul écrit : « Si Dieu est avec nous, qui sera contre nous ? » Dieu, à Tazmamart, était avec nous, avec ceux qui sont morts et avec les vivants. Et nous sommes là, libres.

On lit dans le Coran : « Nous avons proposé le fardeau au Ciel, à la Terre et aux montagnes. Ils ont tremblé et l'ont refusé. L'Homme s'en chargera. » Ce fardeau, nous l'avons supporté. Et nous avons vaincu. « La volupté, dit encore le Coran, a la beauté des montagnes. » La liberté aussi. C'est cette beauté, Hassan, que tu t'acharnes en vain à détruire. Tu n'y parviendras pas.

Une légende arabe me revient en mémoire. Un homme cruel et fourbe qui n'avait jamais eu pitié de personne passa un jour, en plein désert, devant un chameau attaché, mourant de soif près d'un seau d'eau que l'animal ne pouvait atteindre, même en tendant l'encolure. Machinalement, l'homme, avec son pied, poussa le seau, le glissant sous les lèvres du chameau avant de passer son chemin. Le chameau but. L'homme mourut peu après. Dieu, devant qui il comparaissait, lui dit :

– Ton âme ira en enfer. Seul ton pied, miséricordieux malgré toi, entrera au paradis.

Ton pied, Hassan, n'ira nulle part. Nul être humain, lorsque ta dernière heure sera venue, n'aura pitié de toi. Quant à l'Éternel, confronté à ton visage, Il se détounera. Et ce sera Justice.

Ali-Auguste BOUREQUAT,
Paris, juillet 1993.

ANNEXES

Comités de Lutte Contre la Répression au Maroc (CLCRM)
Belgique, Espagne, France, Pays-Bas, Suisse.

Communiqué de Presse
17 novembre 1991. 17h 00

La France qui se flatte d'être la patrie des Droits de l'Homme, accueillera t-elle en grande pompe Hassan II ou ses représentants lors du sommet de la francophonie qui se teint ce 19 novembre à Paris? Mitterrand tolérera-t-il que le "génie de l'Atlas" vienne lui faire une leçon de démocratie comme au sommet de la Baule?
Quelle que soit l'attitude de l'Elysée, il est important que l'opinion sache que trois citoyens français sont incarcérés au Maroc depuis le 8 juillet 1973.
Nous savons maintenant avec certitude que René BOUREQUAT, célibataire, commerçant en marbre et carrelages, Jacques BOUREQUAT, célibataire, et Auguste BOUREQUAT, marié, un enfant, tous deux hommes d'affaires étaient jusqu'au 15 septembre dernier à TAZMAMART.
Tazmamart, mouroir qu'Abraham SERFATY a eu le courage de comparer au camp d'AUSCHWITZ, bagne où périrent, après d'atroces souffrances, 30 des 61 militaires qui y étaient enfermés depuis le 7 août 1973. Lieu sinistre, qui selon Hassan II, n'a existé que dans l'imagination des ennemis de son pays mais dont il a pourtant fait annoncer la destruction à grand fracas de publicité le 21 septembre 1991.
La France en se taisant sur le sort des frères BOUREQUAT deviendrait complice ipso facto des crimes du Roi. Car malgré toutes les dénégations des autorités marocaines, selon le témoignages des premiers militaires marocains libérés de Tazmamart, les trois frères BOUREQUAT étaient avec eux dans ce bagne et en sont sortis avec eux le 15 septembre 1991, deux d'entre eux d'ailleurs dans un état très grave, sur des civières, et emmenés vers une destination inconnue.
La France fera t-elle moins que le Comité des Droits de l'ONU, qui dans ses 41è, 42è et 43è sessions (22.10.1991) a toujours exigé du Maroc des clarifications sur les centres de détentions secrets dans ce pays et obtenu du gouvernement marocain, le 22 10 1991 à Genève, que la question des militaires de Tazmamart soit réglée et que la libre circulation à l'extérieur et l'intérieur du pays soit garantie à la veuve OUFKIR et à ses enfants.
La France fera t-elle moins que les Etats-Unis d'Amérique qui ont posé comme condition sine qua non à la visite royale du 26 septembre 1991 la libération de Tazmamart, du Lieutenant M'Barek TOUIL dont l'épouse est citoyenne américaine.
Nous mettons la République française et ses représentants face à leur responsabilités et leur demandons instamment de traduire leurs grands principes par des actes concrets.

Pour les Comités de Lutte Contre la Répression au Maroc:
Ahmed BENANI, Politologue.
Ce texte a reçu l'appui d'un certain nombre de personnalités parmi lesquelles:
Gilles PERRAULT et Moumen DIOURI

Comités de Lutte Contre la Répression au Maroc- CLCRM -.
France: 14, rue de Nanteuil, 75015 Paris. Tel: 45 32 01 89 - Fax 45 31 64 37
Suisse: 47, ch. de Montelly, 1007 Lausanne. Tel & Fax: (21) 25 29 55

**Comités de Lutte Contre la Répression au Maroc (CLCRM)
Belgique, Espagne, France, Pays-Bas, Suisse.**

Fondation Danielle MITTERRAND
FRANCE LIBERTE
Palais de Chaillot, 1 Place du Trocadéro
75116 PARIS - Fax: 47 55 81 88

Lausanne, le 17 novembre 1991

Madame la Présidente de France Liberté,

Les Comités de lutte contre la répression au Maroc saluent votre action en faveur des Droits de l'Homme, et tiennent à vous rappeler que le drame des disparus du bagne-mouroir de Tazmamart est loin d'être terminé. Vous savez sans doute que dans ce lieu de sinistre mémoire, il y avait 61 militaires dont trente ont péri après d'atroces souffrances, mais ils s'y trouvaient également des civils. Parmi ces derniers, trois citoyens français: René BOUREQUAT, célibataire, commerçant en marbre et carrelages, Jacques, célibataire, et Auguste BOUREQUAT, marié, un enfant, tous deux hommes d'affaires. Nous savons que ces trois Français ont été enlevés à leur domicile: 165 av. Vuillemain dans le quartier du Souissi à Rabat, par une brigade spéciale de plusieurs hommes en civil le 8 juillet 1973 et emmenés pour une destination inconnue. En 1975, leur mère et leur soeur furent arrêtées dans les mêmes conditions et séquestrées pendant seize mois, elles entendirent alors, parler des trois frères mais ne les virent pas. Toutes les démarches faites ensuite, tant par la famille que par les CLCRM, auprès du Ministère français des affaires étrangères et plus précisément de la Direction des Français à l'étranger s'avérèrent toujours vaines et les réponses toujours les mêmes: "nous avons avisé le gouvernement marocain, qui ne connaît pas ces trois ressortissants français". Or selon les témoignages concordants des premiers militaires marocains libérés du bagne de Tazmamart, les trois frères BOUREQUAT étaient avec eux dans ce bagne et en sont sortis avec eux le 15 septembre 1991, deux dans un état très grave transportés sur des civières; mais depuis, à nouveau c'est le silence total sur leur sort. Maintenant que nous avons confirmation que les trois Français sont en vie et en très grand danger, leur situation ne saurait souffrir les lenteurs de la diplomatie parfois compréhensibles mais, qui dans le cas présent, seraient inexplicables et d'autant plus inadmissibles, que cette diplomatie se flatte d'être celle du pays des Droits de l'Homme. Nous vous demandons, Madame la Présidente de France Liberté, de tout tenter pour sauver ces citoyens. Nous sommes certains que vous comprendrez l'urgence de notre appel et notre inquiétude, d'autant que nous connaissons depuis peu l'existence de quatre autres centres de détention secrets au Maroc. Nous restons bien entendu à votre disposition et sommes prêts à vous rencontrer au siège de votre fondation, à un moment de votre convenance, pour vous apporter tout élément complémentaire sur ce dramatique dossier.
En vous remerciant de votre sollicitude, nous vous prions d'agréer, Madame la Présidente de France Liberté, les assurances de notre très haute considération.

Pour les CLCRM.
Ahmed BENANI, représentant du comité suisse.
Lettre signée également par l'écrivain Gilles PERRAULT

Comités de Lutte Contre la Répression au Maroc- CLCRM -
France: 14, rue de Nanteuil, 75015 Paris. Tel: 45 32 01 89 - Fax 45 31 64 37
Suisse: 47, ch. de Montelly, 1007 Lausanne. Tel & Fax: (21) 25 29 55

Congressional Human Rights Caucus
U.S. House of Representatives
Washington, D.C. 20515

CO-CHAIRMEN
Tom Lantos (CA)
John Edward Porter (IL)

EXECUTIVE COMMITTEE
Neil L. Abercrombie (HI)
Gary Ackerman (NY)
Les Aspin (WI)
Helen Delich Bentley (MD)
Ben Garrido Blaz (GU)
Thomas J. Bliley, Jr. (VA)
William S. Broomfield (MI)
Dan Burton (IN)
John Conyers, Jr. (MI)
C. Christopher Cox (CA)
Robert K. Dornan (CA)
Mervyn M. Dymally (CA)
Mickey Edwards (OK)
Dante B. Fascell (FL)
Hamilton Fish, Jr. (NY)
Thomas M. Foglietta (PA)
Thomas S. Foley (WA)
Richard A. Gephardt (MO)
Benjamin A. Gilman (NY)
Newt Gingrich (GA)
Paul B. Henry (MI)
Frank Horton (NY)
John R. Kasich (OH)
Joseph P. Kennedy II (MA)
Barbara B. Kennelly (CT)
William Lehman (FL)
Sander M. Levin (MI)
Mel Levine (CA)
John Lewis (GA)
Raymond J. McGrath (NY)
Michael R. McNulty (NY)
Ronald K. Machtley (RI)
Thomas J. Manton (NY)
Matthew G. Martinez (CA)
John Miller (WA)
Susan Molinari (NY)
James P. Moran, Jr. (VA)
Constance A. Morella (MD)
Wayne Owens (UT)
Nancy Pelosi (CA)
Dana Rohrabacher (CA)
Charlie Rose (NC)
Martin Olav Sabo (MN)
George E. Sangmeister (IL)
James H. Scheuer (NY)
Gerry Sikorski (MN)
Dick Swett (NH)
Guy Vander Jagt (MI)
Frank R. Wolf (VA)

OFFICE
Ford Building, Room H2-590
Washington, D.C. 20515
(202) 226-4040

To: Interested Staff

From: The Congressional Human Rights Caucus

Re: Meeting with a former Moroccan political prisoner

We invite you to a briefing with Mr. Ali Bourequat, a French national and a Moroccan native, who was released from a Moroccan prison in December 1991 after spending nearly 19 years in detention. Mr. Bourequat will provide an overview of the human rights situation for political prisoners in Morocco as well as a description of his own experience. <u>The briefing will take place on Friday, July 10th at 10:00 am in Room 1129 Longworth.</u>

According to Amnesty International, Mr. Bourequat and his two brothers were arrested in July 1973 and were considered disappeared due to the fact that they were held in incommunicado detention. They were never tried or charged with an offense. It is believed that may have been taken into custody solely on account of their father's earlier connection with the Moroccan counter-espionage service.

In March 1981, the Bourequats were transferred to a secret underground detention center known as Tazmamert, where prisoners are forced to endure harsh and dismal living conditions. For ten years, the Bourequats lived without light or exercise and on a near starvation diet. Unlike approximately 30 detainees who died while in custody in Tazmamert, the Bourequats survived their experience and were subsequently released last year.

We hope that you will be able to join us. If you have any questions about this briefing, please contact either Alex Arriaga or Karen Davis at X6-4040.

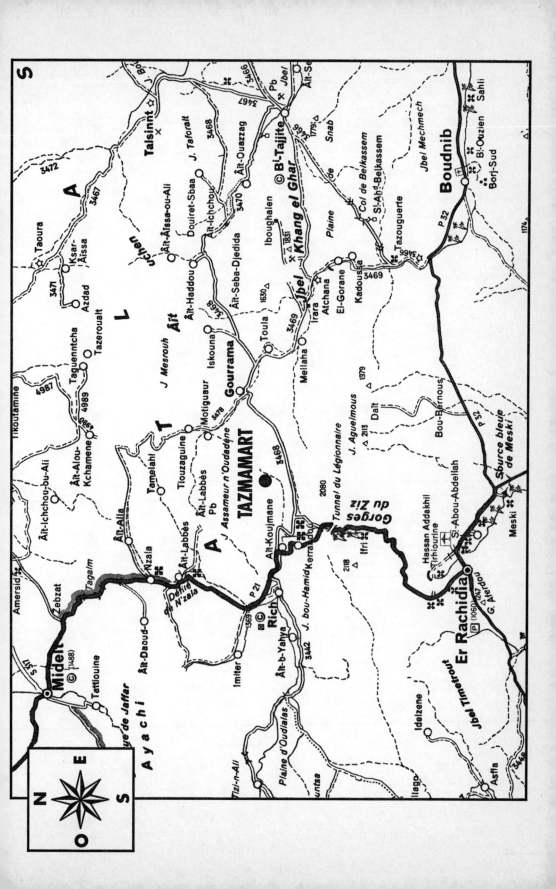

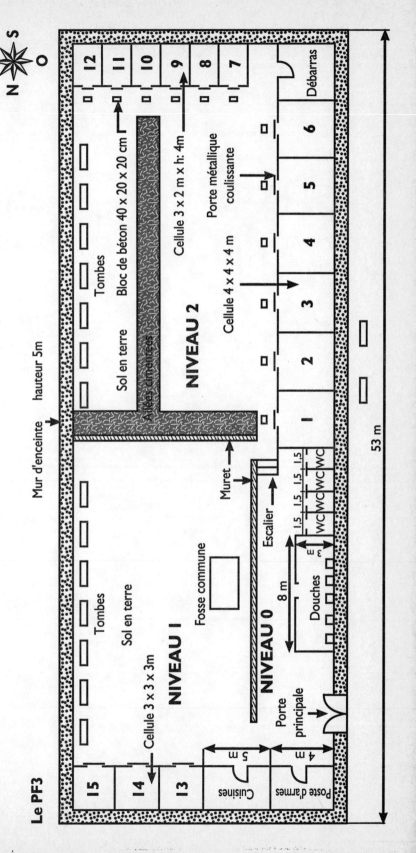

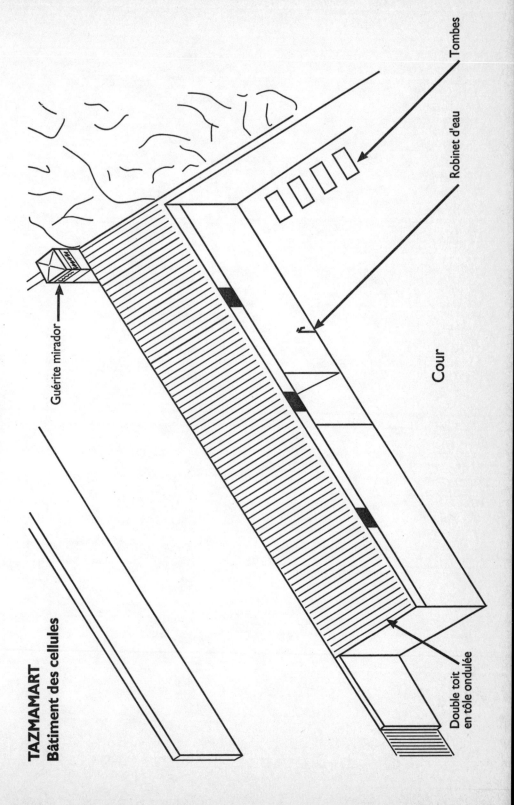

Détail du bâtiment des cellules.

TAZMAMART

- Toit en tôle ondulée
- Traverse en bois
- Rail
- Muret h : 0,8 m
- Ampoule électrique tous les 6,5 m
- Ouverture tous les 10 m
- Treillis fer à béton
- Toit en béton
- Mur des cellules épaisseur 0,40 m

2 m
3 m
2 m

Deux cellules vues du couloir.

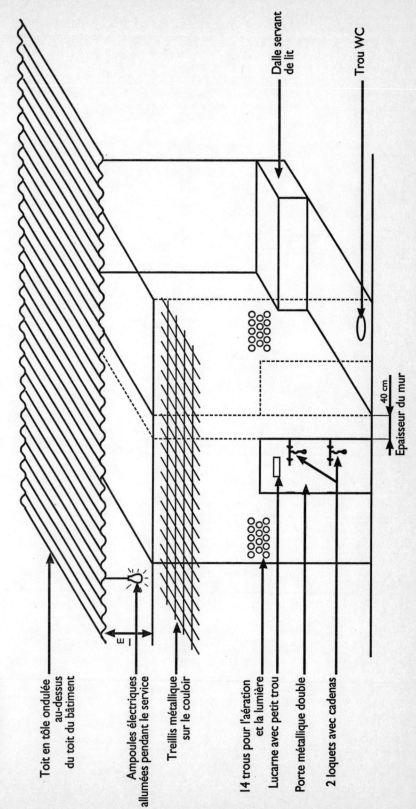

TAZMAMART

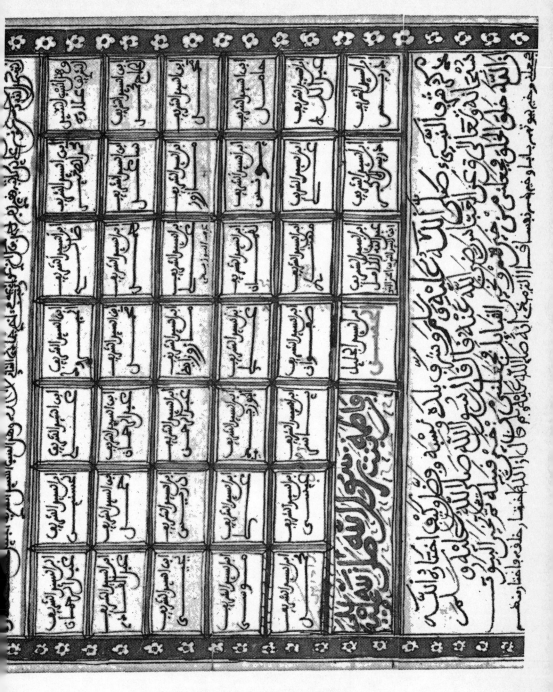

Arbre généalogique de la famille Bourequat.

Ali-Auguste BOUREQUAT

POÈMES

élaborés dans « la caisse à béton » de Tazmamart
23 mars 1981-15 septembre 1991

Assis sur ma dalle, au fond de ma cellule, j'aligne dans ma tête des mots que je ressasse, les apprenant par cœur, les récitant, les scandant sans cesse... Les images anciennes me sautent au visage, Paris, la France, l'Europe, la liberté. Les souvenirs chantent comme les mots que j'agence, les retenant, les reprenant. La poésie aide à ne pas mourir, à garder confiance.

Ces poèmes ne sont sans doute pas dignes de Victor Hugo ni de Baudelaire, mais ils ont à mes yeux une valeur inestimable, celle de m'avoir permis de survivre....

LA DEVISE INDIVISE

Liberté tu es notre loi
Nos sacrifices et nos souffrances sont pour toi
Tu es la source du bonheur et de toutes nos joies
La vie sans toi ça sert à quoi ?

Égalité de tous pour tous les droits
Afin que les tyrans et les despotes n'aient plus de voix
Et pour que l'équité soit
La justice doit passer à la guillotine tous les rois

Fraternité c'est notre foi
L'humanité a l'embarras du choix
Depuis Noé jusqu'aux sages Chinois
Sans haine ni racisme pour qui ce se soit

Né en France c'est la devise indivise
Que la révolution préconise
Que la raison autorise
Et que la guillotine verbalise

Liberté, Égalité, Fraternité.

Dix-huit ans de solitude

GLOIRE À LA FRANCE

Tu es l'appel du Peuple pour son Indépendance
Tu es le cri de la délivrance
Tu es le réveil du Citoyen depuis sa naissance
Tous les Peuples du monde vibrent à ta cadence
Fille de Rouget de Lisle tu es la Gloire de la France

LA SEINE

Sous les ponts de Paris coule la Seine
Au milieu du berceau des droits de la dignité humaine
Son perpétuel murmure conte nos joies et nos peines
Elle est la muse qui ranime le flambeau de la ferveur républicaine
Sur ses rives la liberté arrachée se promène
Tous les peuples du monde à elle se ramènent
Attisant leur flamme pour briser les entraves qui les gênent
Heureux peuple de Paris de vivre bercé par son immortelle fredaine.

PARIS RÉVOLUTIONNAIRE

Paris, ta beauté c'est ton ciel gris
Ta liberté, ton bel esprit
Merveille du monde
Dans tes rues on flâne l'âme vagabonde
Sous tes toits on aime, on triche, on fronde
Tes femmes sont jolies, brunes et blondes, Paris Joconde
Paris rive droite, rive gauche
Pour la bohème, pour la bamboche
Tes ponts sont le paradis de la cloche
Tes mômes ont de la caboche
Ton peuple aime la bidoche et la brioche, Paris Gavroche
Paris féerique, poétique, diabolique, érotique, magnifique
Tu as donné naissance à la République, Paris politique
Paris lumière de l'univers
Tu éclaires les quatre coins de la Terre
Et tu peux être fière
D'avoir eu pour fils Danton, Desmoulins et Robespierre
Paris, Première Révolutionnaire.

Dix-huit ans de solitude

PARIS LIBERTÉ

Paris clodos
C'est le casse-dalle au calendo
Paris bistrots
C'est le Flore et les Deux-Magots
Paris prolo
C'est l'métro, boulot, dodo
Paris rupin
C'est la vie de château
Dans une chambre de bonne au Trocadéro
Paris badin
Paris rétro
Paris catin
Paris porno
Paris putain
Paris gigolo
Paris y'a rien de plus beau
Paris c'est des milliers de toits
C'est un mirage que l'on touche du doigt
C'est le berceau où naquit la loi
Paris guillotine le roi
Pour le bonheur du peuple d'être heureux chez soi
Paris c'est l'amour, c'est l'amitié
C'est la joie, c'est la gaieté
La gastronomie, la frugalité
C'est la vertu, c'est la volupté
Paris pour la France, c'est la fierté
Et pour le monde entier, Paris c'est la liberté

Poèmes

L'EUROPE IDÉALE

De l'Atlantique à l'Oural
C'est l'Europe idéale
Avec Paris pour capitale
Berceau de la civilisation
Communauté des passions
Automations, revendications
Contributions, manifestations
C'est l'Europe de la Révolution
De l'Atlantique à l'Oural
C'est l'Europe idéale
Avec Paris pour capitale
Creuset de la liberté
Des droits de l'homme, de la fraternité
Pour le bien-être de l'humanité
Faut abolir l'individualité
C'est l'Europe de l'égalité
De l'Atlantique à l'Oural
C'est l'Europe idéale
Avec Paris pour capitale
De Londres à Moscou
On est de gauche ou de droite, on s'en fout
On apprécie la poésie, la littérature
Les belles choses de la vie
De Rome à Varsovie
On y chante, on y rit
De Lisbonne à Paris
C'est l'Europe de l'esprit
De l'Atlantique à l'Oural

Dix-huit ans de solitude

C'est l'Europe idéale
Avec Paris pour capitale
Pays de la contredanse
De la courtoisie sans révérence
De la gastronomie et de l'abondance
De la beauté, du chic et de la prestance
Avec la mode des chiffons de France
C'est l'Europe idéale
Avec Paris pour capitale

BONJOUR SOURIRE

Ce qui fait battre au cœur « La chamade »
C'est « Du soleil dans l'eau froide »
Dans les rues de Paris c'est la balade
Ses « Châteaux en Suède »
Havre de repos, ne peuvent lui servir de remède
Avec « Un certain sourire »
Je prends mon ardoise
J'y écris un message à Françoise
Quelques mots pour lui dire « Adieu Tristesse »
« Bonjour sourire ».

PANAME C'EST L'ÂME

Paname c'est la Seine avec ses ponts
C'est les boutiques à chiffons
C'est le bal musette avec l'accordéon
Paname c'est la Mouffe, c'est la bouffe
C'est la rue, c'est la cohue
Le Boul'Mich, Montparnasse, St-Germain-des-Prés
C'est le Faubourg St-Honoré
Avec ses prix exagérés
C'est le Palais de l'Élysée
Où crèche le citoyen popularisé
C'est des toits sous lesquels on aime avoir un gîte
Au régime du saucisse-frites
Paname c'est la butte, c'est les poulbots
C'est les putes, c'est les clodos
C'est le coup de rouge avec le calendo
C'est les marchands de cailloux de la place Vendôme
C'est la ville où y'a que de jolies mômes
Paname c'est Clichy, Blanche et Pigalle
Là où ne vont jamais les Marie-Chantal
C'est les puces à Clignancourt
Fin de semaine pendant deux jours
C'est le jardin du Luxembourg
Où toujours roucoule l'amour
La vie c'est Paname
Paname c'est l'âme.

Dix-huit ans de solitude

RATATOUILLE POLITIQUE

Le Parlement a voté le porno disant que c'était pas moche
Le gouvernement aux aguets en profite pour nous vider les poches
C'est le foutoir économique avec la flambée des prix du pain et de la
[bidoche
Joli cadeau laissé par le copain du mangeur de mioches
Après avoir miam-miam les diams
Et reçu la pomme de Valogne en guise de taloche
Le populaire scandalisé lui avait gueulé ses reproches
Désabusé a voté l'Élysée pour le citoyen de gauche
C'est comme ça qu'il s'est barré avec sa moitié et sa valoche
Favorisant ainsi le Rassemblement des Patriotes Républicains du citoyen
[caboche
Qui par le suffrage universel a raté le coche
Mais cette ratatouille politique ne donne rien à l'ami Gavroche
Alors je chante pour vous en espérant que ça accroche
Et si je gagne pas de ronds pour m'acheter du pain, m'en fous, je
[boufferai de la brioche.

Poèmes

PARIS NOCTAMBULE

L'étoile du Berger brille dans le ciel
C'est l'heure du noctambule qui se réveille
Paris la nuit c'est la merveille
Elles sont là flamboyantes tes lumières des Champs-Élysées
Des Boulevards, de Pigalle
À les voir mon cœur s'émeut, s'agite et s'emballe
Dans ce monde fabuleux, au gré du hasard, je flâne
De Dix Heures à La Lune Rousse, aux Deux Ânes
Le Moulin-Rouge et ses froufrous ont rendu le monde fou
Voici Narcisse, temple sacré de la cuisse
À la nouvelle Ève sont nus tous ces culs de rêve
Un coup d'œil à Madame Arthur et ses adorables créatures
Chez Raspoutine le caviar n'est pas tovarich
C'est pour les rupins, c'est pour les riches
Au Crazy Horse Saloon les chattes bottées exhibent leur jolie moon
Les trucs en plumes de Z'oiseau se trémoussent au Casino
Salut, bonsoir, Hello Paris
Final du Carrousel avec ses travelots charmantes et belles
Au trou Madame, ma nuit s'achève
Est-il tôt, est-il tard ? Déjà le jour se lève
À ce soir !

Dix-huit ans de solitude

FOU TOUT CHOU

Un beau matin, je te rencontre métro Jasmin
Havre-Caumartin, Chaussée-d'Antin
Aux grands magasins commence ton baratin
Sur les Boulevards joyeux jobard, charmant bavard
Aux Champs-Élysées, complice embrasé
À Ménilmontant, on retrouve nos vingt ans
Montmartre nous envoûte, à Pigalle on prend le casse-croûte
L'île St-Louis, c'est inouï
À St-Germain, tu m'enlaces, tu m'embrasses
Au Boul'mich, y'a pas de triche
Tous les chemins mènent rue Mouffetard à ton plumard
Quel veinard !
Paris, c'est fou
Paris, c'est tout
Paris, c'est chou

TOHU-BOHU

Toutes les mômes du monde frétillent
tortillent leur joli cul cul pour tohu-bohu
Du chahut, du raffut, c'est le tohu-bohu
Allons tous ensemble, frétillons, tortillons le tohu-bohu
Faut du chahut, faut du raffut, pour tohu-bohu

La meilleure des choses
Pour rester belle comme au printemps la rose
Sans façon j'ose et la propose
Apanage de tous les âges
Jeune et fraîche, pour toujours c'est l'amour

Les filles de Paris sont vraiment mignonnes
À la maison elles ronchonnent
Dans la rue elles fredonnent
Au boulot elles marmonnent
Dans l'métro elles bougonnent
Quand elles se chiffonnent elles ronronnent
En vacances elles étonnent
Même en colère elles pardonnent
Et quand elles se donnent
Elles sont polissonnes
Heureuses, elles sourient
Car Paris, c'est la vie

Le tohu-bohu
C'est la grande cohue
Des mômes bien foutues
Elles ont de beaux culs

Elles boivent des légumes en jus
Dans le plumard toujours nues
On les croquerait toutes crues
Elles font les maris cocus
C'est le principe de la vertu.

LE PAVÉ

Liberté de Paris tu m'as octroyé le pavé
Tes rues, tes boulevards, mon gîte rénové
Ton beau ciel gris, mon toit retrouvé
L'escalier de la Butte fera battre mon cœur ravivé
Mon titre de noblesse « de Clignancourt »
Chiffons, brocante, fin de semaine pendant deux jours
Partisan de la frugalité
Vous ferai déguster d'inédites spécialités
Chiffonnier, gargotier, poètes des Puces
Oyez amis ! mon surnom c'est Gugusse

CHARIVARI

Charivari on est ravi
Pas besoin d'aller à la mairie
Inutile d'être mari
Ça nous varie
Charivari y'a rien de plus beau
Que la liberté du corps et de l'esprit
Charivari chérie
Partout je te charrie
Au p'tit matin en partant tu me souris
Charivari c'est le principe du bel esprit
De n'importe où jusqu'à Paris
Charivari avec très beaucoup d'amour le monde entier chante et sourit
Charivari c'est la liberté qui est la vie qui nous ravit

CHAVIRÉ

Chaviré de désir
Dans tes bras par des promesses
Dans les draps par des caresses
L'un pour l'autre, l'un dans l'autre
Chaviré de plaisir
Frémir, Gémir, Soupir
Tous les deux on chavire.

Dix-huit ans de solitude

LA PROSE

Qu'y a-t-il à Paname de meilleur que la bouffe
Ses bistrots, les restaus et la Mouffe
De partout on accourt pour le mérite
À Clichy, à Montparnasse, chez Roger la Frite
Les Margot, les Marie-Chantal aiment les glaces du drugstore
À Clignancourt, chez Ma tante, sur la Butte, la saucisse-frite, c'est ce que
[j'adore

Le lèche-vitrines sur les Champs, les Boulevards, la place Vendôme
La compagnie agréable et sympathique des jolies mômes
Y'a qu'à Paris où on a toutes ces belles choses
C'est la seule ville au monde où l'on ose
Faire et dire ce que l'on veut sans qu'on vous l'impose
Ô toi, Paris tu seras toujours la plus belle des proses !

PARIS JE T'AIME

Le bateau-mouche glisse lentement sur la Seine
Les têtes se tournent et se retournent
Pour admirer le paradis de Verlaine
Chanté par Mouloudji, Piaf, Patachou, Aznavour
Son air inspire la muse et attise l'amour
Sur ses quais, dans ses rues, sur ses boulevards, fleurit la bohème
Ses gamins, ses clodos sont tout un poème
Jusqu'à l'infini l'écho répétera « Paris je t'aime »

REMERCIEMENTS

Je ne pourrai jamais assez remercier ma sœur Khadija et mon frère Taha pour le combat inlassable qu'ils ont mené en vue de notre libération.

Merci à Mme Danielle Mitterrand, Première Dame de France et présidente de France Liberté ; aux organisations humanitaires telles qu'*Amnesty International, Centre Europe et Tiers-Monde, Human Rights Watch* et le *Comité de Lutte contre la répression au Maroc*.

J'adresse mes vifs remerciements au *Front Polisario* pour avoir toujours dénoncé le crime dont nous étions victimes, mes frères et moi.

Merci enfin au journal *le Monde* qui, le premier, alerta l'opinion française sur l'existence du bagne de Tazmamart.

TABLE DES MATIÈRES

Lettre de l'office des Nations unies à Mme Allouah Bourequat, 7 novembre 1983 9

Prologue : Le retour des fantômes 11

   I : L'enlèvement 23

   II : Quand nous soupions avec le diable 63

   III : Le complot 97

   IV : Les rélévations du PF3 119

   V : L'évasion 155

   VI : Tazmamart 189

Épilogue : L'Éternel jugera 255

Annexes : 261

   Communiqué de presse des Comités de Lutte Contre la Répression au Maroc (CLCRM), 17 novembre 1991 263

   Lettre des CLCRM à Mme Danielle Mitterrand, présidente de France Liberté 265

Annonce de la Conférence de M. Ali Bourequat au congrès des Droits de l'homme à Washington ... 267
Carte des environs de Tazmamart 269
Plan du PF3 271
Plans de Tazmamart 273
Arbre généalogique de la famille Bourequat 281
Poèmes élaborés dans la « caisse à béton » de Tazmamart 283
Remerciements 301

Directrice littéraire
Huguette Maure

Graphiste
Pascal Vandeputte

Attachées de presse
Nathalie Ladurantie
Myriam Saïd-Errahmani

Impression réalisée sur CAMERON par
BRODARD ET TAUPIN
La Flèche
pour le compte des Éditions Michel Lafon
en octobre 1993

Imprimé en France
Dépôt légal : octobre 1993
N° d'édition : 0052 – N° d'impression : 1086 I-5
ISBN : 2-908652-87-0